SOS 프랑스어 말하기 첫걸음

왕초보 탈출 프로젝트

송주아·시원스쿨프랑스어연구소 지음 | 이은미 그림

1

S 시원스쿨닷컴

시원스쿨 SOS 프랑스어 말하기 첫걸음

왕초보 탈출 프로젝트 1탄

초판 1쇄 발행 2021년 4월 1일
초판 5쇄 발행 2024년 2월 1일

지은이 송주아, 시원스쿨프랑스어연구소
펴낸곳 (주)에스제이더블유인터내셔널
펴낸이 양홍걸 이시원

홈페이지 www.siwonschool.com
주소 서울시 영등포구 영신로 166 시원스쿨
교재 구입 문의 02)2014-8151
고객센터 02)6409-0878

ISBN 979-11-6150-461-2
Number 1-521106-25252599-04

머리말

Bonjour !

여러분 안녕하세요!

시원스쿨 프랑스어 대표강사 Clara입니다.

프랑스어의 '프' 자도 모르지만 프랑스어로 '말' 하고 싶으신가요?
<SOS 프랑스어 말하기 첫걸음> 이라면 가능합니다!

어눌한 인사말이 제가 구사할 수 있는 프랑스어의 전부였던 시절, 프랑스 유학길에 오르던 그날을 돌이켜 봅니다. 낯선 발음 체계를 익혀야 했던 번거로움, 까다로운 문법 때문에 골머리를 앓던 날들이 새록새록 떠오릅니다. 하지만 그 고된 시간 끝에 프랑스어에 숨겨진 아름다운 운율, 그 언어가 가진 섬세함 등 프랑스어의 진정한 매력을 알게 되었고, 비로소 프랑스어를 사랑하게 되었습니다.

이 책은 프랑스어를 처음 접하는 분들이 자주 겪는 어려움을 해결해 주는 '친절한 학습서'입니다. 입문자들이 가장 두려워하는 '까다로운 문법은 최소화'하고, 이해를 돕는 '눈높이 설명을 대폭 추가'하여 기초 지식이 없는 분들도 쉽게 배울 수 있습니다. 프랑스어로 '말'을 하고 싶은 분들, 프랑스어를 배우고 싶지만 어떻게 시작해야 할지 몰라 고민만 하던 분들, 틀에 박힌 문법 위주의 도서를 꺼리는 분들, 프랑스어를 즐겁게 배우고 싶은 분들, 이 모든 분들의 니즈를 동시에 충족할 수 있는 책이 바로 <SOS 프랑스어 말하기 첫걸음>입니다.

마라톤 선수가 풀코스를 완주하기 위해서 충분한 준비 기간이 필요한 것처럼, 프랑스어도 마찬가지로 기본기를 탄탄하게 다져야 마스터하기 쉽습니다. <SOS 프랑스어 말하기 첫걸음>은 본문을 효과적으로 이해하기 위한 밑거름인 '준비강의'로 그 스타트를 끊습니다. 또한 매 과마다 '지난 시간 떠올리기'를 통해 앞서 배운 내용을 반복함으로써 완벽하게 나의 것으로 만들 뿐 아니라, 새롭게 배우는 내용을 보다 능률적으로 습득하는 플러스 효과까지 기대할 수 있습니다. 더 나아가, 배운 내용을 제대로 기억하는지 확실하게 체크할 수 있도록 다양한 유형의 '연습 문제'도 제공합니다. 이 책의 핵심인 '말하기 강화'를 위해 '대화로 말해 보기' 코너에서는 본문의 핵심 문장으로 구성한 대화를 따라 읽으면서 실생활에서 사용 가능한 회화까지 자연스럽게 익힐 수 있습니다. 프랑스어 발음과 여러 가지 표현을 알려주는 '클라라 선생님의 꿀팁' 코너를 제공하고, 프랑스 문화를 자세히 소개하는 '문화 탐방'으로 매 과가 마무리됩니다.

이 책을 통해 여러분이 프랑스어를 배우는 데에만 그치지 않고, 그 나라가 향유하는 문화까지 알고 이해할 수 있기를, 더 나아가 프랑스의 매력을 하나씩 발견해 나갈 수 있기를 기대합니다.

여러분이 자신 있게 프랑스어로 말하는 그날까지, 저를 믿고 따라오세요!
Vouloir, C'est Pouvoir !

저자 Clara

SOS 프랑스어 말하기 첫걸음

학습 목차

SOS 프랑스어 말하기 첫걸음

구성과 활용 방법

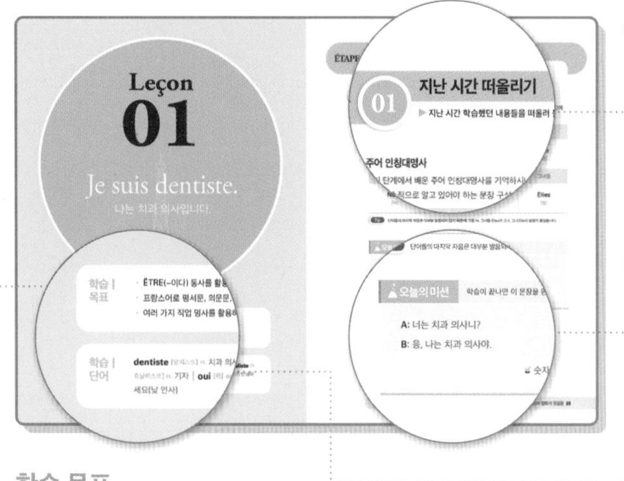

ÉTAPE 01 지난 시간 떠올리기

전 시간에 배운 내용을 복습하는 코너입니다. 배운 내용들을 한 번 더 상기하면서 완벽하게 내 것으로 만들어 보세요.

오늘의 미션

과별로 1~2개의 핵심 문장을 한국어로 제공하여 궁금증을 유발합니다. 같이 제시되는 숫자도 차근차근 익혀 보세요.

학습 목표

해당 과에서 배울 내용을 미리 살펴보고, 전체적인 학습의 얼개를 파악할 수 있습니다. 학습 목표를 보고 어떤 내용을 배울지 미리 머릿속에 그려 보세요.

학습 단어

본문에 등장하는 단어들을 한국어 독음, 품사 표시와 함께 제시합니다. 성별에 주의하며 단어를 살펴보세요.

ÉTAPE 02 오늘의 학습

핵심 내용을 학습합니다. 꼭 필요한 문법 요소를 배운 후, 입이 기억할 수 있도록 큰 소리로 여러 번 읽어 보세요.

ÉTAPE 03 대화로 말해 보기

배운 내용을 바탕으로 대화문을 구성하였습니다. 친구와 함께 대화하는 연습을 하면서 학습한 내용을 여러 번 활용해 보세요.

미션 확인

과마다 미션 문장을 프랑스어로 제시하여, 꼭 알고 넘어가야 할 문장을 짚어 줍니다. 반드시 외워서 머릿속에 차곡차곡 쌓아 보세요.

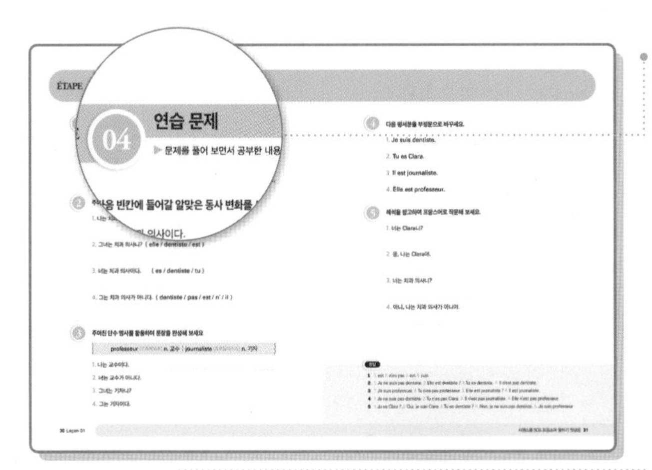

ÉTAPE 04 연습 문제

주어진 낱말로 문장 만들기, 적절한 대답 연결하기, 단어 배열하여 문장 만들기 등 다양한 유형의 문제를 제공합니다. 틀린 문제를 중심으로 보완할 점을 파악하여 프랑스어를 완벽하게 마스터해 보세요.

ÉTAPE 05 표현 더하기

본문과 관련된 다양한 표현을 제시합니다. 인사말부터 요청하는 표현까지, 자주 사용하는 간단한 말들을 하나씩 익혀 보세요.

클라라 선생님의 꿀팁

프랑스어 발음을 어려워하는 분들을 위해 매 강마다 꿀팁을 제시하고, 여러가지 표현도 알려드립니다. 선생님의 꿀팁을 참고하여 프랑스어 발음과 표현들을 정복해 보세요.

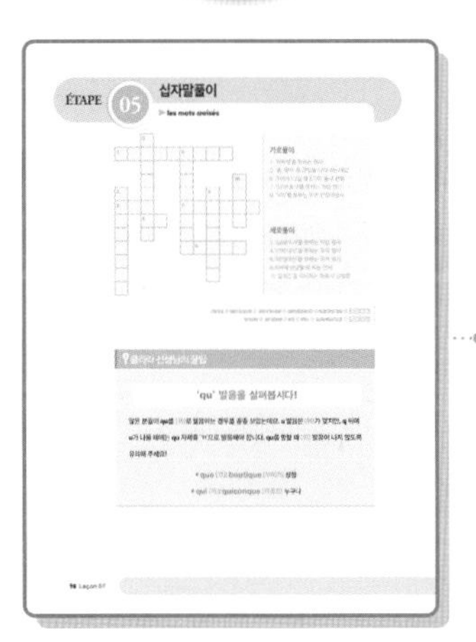

문화 탐방

프랑스의 유명 먹거리, 관광지, 역사 등 문화 전반과 관련된 다양한 내용을 담아 읽을거리를 제공합니다. 재미있는 글과 함께 프랑스 문화에 한 발짝 다가가 보세요.

십자말풀이

복습 과마다 학습했던 단어를 활용한 십자말풀이를 제공합니다. 배운 단어를 떠올리며 재미있게 문제를 풀어 보세요.

*십자말풀이는 1~3탄 시리즈 중 1탄과 3탄에 제공됩니다.

SOS 프랑스어 말하기 첫걸음

학습 플랜

프랑스어를 차근차근 배우고 싶은 분들을 위한 두 달 완성 플랜입니다. 두 달 동안 꾸준히 시간을 투자하면서 천천히, 꼼꼼하게 학습해 보세요. 공부한 횟수를 체크하면서 여러 번 반복 학습하면 더 좋습니다.

START! 1개월차

GOAL! 1개월

월	화	수	목	금
준비강의 1, 2 ☐☐☐	준비강의 3, 4 ☐☐☐	준비강의 5 ☐☐☐	PARTE 01 1강 ☐☐☐	PARTE 01 2강 ☐☐☐
PARTE 01 1~2강 복습 ☐☐☐	PARTE 02 3강 ☐☐☐	PARTE 02 4강 ☐☐☐	PARTE 02 3~4강 복습 ☐☐☐	PARTE 03 5강 ☐☐☐
PARTE 03 6강 ☐☐☐	PARTE 03 7강 ☐☐☐	PARTE 03 5~7강 복습 ☐☐☐	PARTE 04 8강 ☐☐☐	PARTE 04 9강 ☐☐☐
PARTE 04 10강 ☐☐☐	PARTE 04 8~10강 복습 ☐☐☐	PARTE 05 11강 ☐☐☐	PARTE 05 12강 ☐☐☐	PARTE 05 11~12강 복습 ☐☐☐

나만의 1개월 목표를 세워 보세요!

START!
2개월차

GOAL!
2개월

월	화	수	목	금
PARTE 06 13강 □□□	PARTE 06 14강 □□□	PARTE 06 13~14강 복습 □□□	PARTE 07 15강 □□□	PARTE 07 16강 □□□
PARTE 07 15~16강 복습 □□□	PARTE 08 17강 □□□	PARTE 08 18강 □□□	PARTE 08 19강 □□□	PARTE 08 17~19강 복습 □□□
PARTE 09 20강 □□□	PARTE 09 21강 □□□	PARTE 09 22강 □□□	PARTE 09 20~22강 복습 □□□	PARTE 09 23강 □□□
PARTE 09 24강 □□□	PARTE 09 25강 □□□	PARTE 09 23~25강 복습 □□□	1~12강 최종 복습 □□□	13~25강 최종 복습 □□□

나만의 2개월 목표를 세워 보세요!

알파벳(1)

학습 목표

1. 프랑스어 알파벳 읽고 말하기
2. 모음 익히기
3. 알파벳 A~H까지, 단어를 통해 정확한 발음 익히기

여러분 반갑습니다!

<SOS 프랑스어 말하기 첫걸음 1탄>을 손에 든 여러분을 환영합니다. 본 강의에 앞서, 프랑스어를 처음 배우는 분들을 위해 알파벳부터 발음, 주어 인칭대명사까지 프랑스어의 기초가 되는 모든 것을 다루기 위해 준비강의를 마련했습니다. 프랑스어 알파벳은 어떻게 읽고 쓰는지, 철자 기호에는 어떤 특징이 있는지, 주어 인칭대명사에는 어떠한 것들이 있는지 같이 살펴보도록 해요!

알파벳 Alphabet 익히기

프랑스어 학습의 기초 중의 기초! 알파벳을 공부해 봅시다. 알파벳 alphabet의 스펠링은 영어와 같지만 발음은 전혀 다르답니다. 한국어 독음을 보면서 A부터 Z까지 함께 천천히 읽어 봅시다.

1) Alphabet [알파베]

일반적으로 프랑스어 단어에서 마지막 자음은 발음되지 않습니다. (예외 있음)

A 아	**B** 베	**C** 쎄	**D** 데	**E** 으	**F** 에프
G 줴	**H** 아슈	**I** 이	**J** 쥐	**K** 까	**L** 엘르
M 엠므	**N** 엔느	**O** 오	**P** 뻬	**Q** 뀌	**R** 에흐
S 에쓰	**T** 떼	**U** 위	**V** 베	**W** 두블르베	**X** 익스
Y 이그헥	**Z** 제드				

- E [으] 발음은 입을 '오' 모양으로 만들고 [으] 소리를 냅니다.
- R [에흐]는 가글할 때처럼 목 깊숙한 곳을 긁어 주는 느낌으로 발음합니다.
- U [위] 발음은 입을 '우' 모양으로 만들고 [이] 소리를 냅니다.
- Q [뀌]는 U 발음을 하는 상태에서 앞에 [ㄲ] 소리를 덧붙입니다.
- W [두블르베]의 '두블르'는 더블, 즉 'V가 두 개 있는'이라는 뜻입니다.

2 모음 학습

프랑스어 알파벳에 어느 정도 익숙해지셨나요? 이번에는 알파벳 중에서 모음에 좀 더 포커스를 맞추어 보겠습니다. 프랑스어의 모든 단어 음절에는 모음이 포함되어 있기 때문에 모음은 꼭 짚고 넘어가야 하는 아주 중요한 요소랍니다. 지금부터 6가지 프랑스어 모음을 배워 보도록 해요.

1) 프랑스어 모음: 6개

a	e	i	o	u	y
아	으	이	오	위	이

- 6개의 모음 앞에 자음을 붙여 음절을 만들어 볼까요?

b + a = ba	**b + e = be**	**b + i = bi**
[ㅂ] [ㅏ] = [바]	[ㅂ] [ㅡ] = [브]	[ㅂ] [ㅣ] = [비]

b + o = bo	**b + u = bu**	**b + y = by**
[ㅂ] [ㅗ] = [보]	[ㅂ] [ㅟ] = [뷔]	[ㅂ] [ㅣ] = [비]

A~H 발음

이번에는 알파벳 A부터 H까지의 발음을 예시를 통해 더 정확하게 배워 보도록 합시다. 단어들은 일상생활에 자주 쓰이는 것들로 모아 보았는데요. 지금은 기초부터 탄탄하게 다지는 단계이므로 발음을 정확하게 익히는 것이 무엇보다 중요해요. 따라서 단어의 뜻보다 소리에 초점을 맞추어 공부하도록 하겠습니다. 일반적으로 프랑스어는 단어의 마지막 자음을 발음하지 않는다고 알려드렸죠? 이 점에 유의하면서 같이 읽어 볼까요?

A 알파벳 명칭 [아] 음가 아	**ami** [아미] **bas** [바] **la** [라]	**B** [베] ㅂ	**banane** [바난느] **bébé** [베베] **ballet** [발레]

C [쎄] **ㄲ (+ a, o, u)**	**café** [까페] **coca** [꼬까] **Cuba** [뀌바]	**C** [쎄] **ㅆ (+ e, i, y)**	**ceci** [쓰씨] **cinéma** [씨네마] **cyclone** [씨끌론느]

Tip c 뒤에 모음 a, o, u가 올 경우 [ㄲ] 소리가 나고 e, i, y이 올 경우 [ㅆ] 소리가 납니다.

D	**dame** [담므]	**E**	**le** [르]
[데]	**débat** [데바]	[으]	**école** [에꼴]
ㄷ	**dos** [도]	으, 에	**elle** [엘]

F	**femme** [팜므]
[에프]	**France** [프헝쓰]
ㅍ	**fac** [팍끄]

G	**gare** [갸흐]	**G**	**âge** [아쥬]
[줴]	**gomme** [곰므]	[줴]	**gilet** [쥘레]
ㄱ (+ a, o, u)	**Gustave** [귀스따브]	ㅈ (+ e, i, y)	**gym** [쥠]

Tip g 뒤에 모음 a, o, u가 올 경우 [ㄱ] 소리가 나고 e, i, y이 올 경우 [ㅈ] 소리가 납니다.

H	**homme** [옴므]
[아슈]	**hôtel** [오뗄]
발음 x	**héros** [에호]

Tip 프랑스어의 h는 발음하지 않습니다.

마무리 복습

본 강의에 들어가기 위한 첫 번째 준비강의를 마쳤습니다. 끝내기 전에 복습하는 마음으로, 오늘 다양한 예시를 통해 배웠던 알파벳 A부터 H까지 천천히 다시 한번 읽어 보는 건 어떨까요?

A 아	B 베	C 쎄	D 데	E 으	F 에프
G 줴	H 아슈				

알파벳(2)

학습 목표

1. 지난 시간에 학습한 알파벳(A~H) 복습하기
2. 알파벳 I~Q까지, 단어를 통해 정확한 발음 익히기

알파벳 Alphabet 익히기

준비강의 두 번째 시간입니다. 본격적으로 단어 발음 연습을 시작하기 전에, 지난 시간에 함께 공부했던 알파벳을 복습해 보도록 합시다. '나는 이제 독음 없이, 프랑스어 알파벳만 보고 어느 정도 읽을 수 있어!' 하시는 분들은 프랑스어 알파벳으로 알파벳 노래를 불러 보는 것도 추천합니다.

1) Alphabet [알파베]

일반적으로 프랑스어 단어에서 마지막 자음은 발음되지 않습니다. (예외 있음)

A 아	**B** 베	**C** 쎄	**D** 데	**E** 으	**F** 에프
G 줴	**H** 아슈	**I** 이	**J** 쥐	**K** 꺄	**L** 엘르
M 엠므	**N** 엔느	**O** 오	**P** 뻬	**Q** 뀌	**R** 에흐
S 에쓰	**T** 떼	**U** 위	**V** 베	**W** 두블르베	**X** 익스
Y 이그렉	**Z** 제드				

I~Q 발음

오늘은 알파벳 I부터 Q까지의 발음을 다양한 단어들을 통해 연습해 볼 텐데요. 입이 기억할 수 있도록 여러 번 반복해서 읽어 봅시다.

I 알파벳 명칭 [이] 음가 이	**il** [일] **idée** [이데] **Italie** [이딸리]	**J** [쥐] ㅈ	**je** [쥬] **joli** [죨리] **Japon** [쟈뽕]

K [까] ㄲ	kaki [까끼] kiwi [끼위] kilo [낄로]	L [엘르] ㄹ	lion [리옹] long [롱] lilas [릴라]

M [엠므] ㅁ	maman [마멍] madame [마담] miel [미엘]	N [엔느] ㄴ	nom [농] numéro [뉘메호] neige [네쥬]

Tip om은 [옴]이 아닌 [옹]으로 발음합니다.

O [오] 오	olive [올리브] opéra [오뻬하] loto [로또]	P [뻬] ㅃ ㅍ(+ r)	Paris [빠히] piano [삐아노] prénom [프헤농]

Tip p 다음에 r가 오는 경우에는 [ㅍ]로 발음합니다.

Q [뀌] ㄲ	qui [끼] quatre [까트흐] cinq [쌍끄]

Tip qu는 [ㄲ]로 발음합니다.

3 마무리 복습

두 번째 준비강의가 또 마무리되었습니다. 이제 알파벳 발음은 식은 죽 먹기죠? 독음 없이도 정확하게 발음할 수 있도록 마무리 전에 다시 한번 읽으면서 머릿속에 차곡차곡 넣어 봅시다.

I 이	J 쥐	K 꺄	L 엘르	M 엠므	N 엔느
O 오	P 뻬	Q 뀌			

Pré 03

알파벳(3), 복합 자음

학습 목표

1. 지난 시간에 학습한 프랑스어 알파벳(I~Q) 복습하기
2. 알파벳 R~Z까지, 단어를 통해 정확한 발음 익히기
3. 복합 자음 익히기

알파벳 Alphabet 익히기

준비강의 세 번째 시간입니다. 이제는 알파벳 표를 보지 않더라도 머릿속에 떠올리면서 프랑스어 알파벳을 읊을 수 있는 실력이 되었을 거예요! 지금까지 배운 내용을 얼마나 잘 기억하고 있는지 다시 한번 읽어 볼까요?

1) Alphabet [알파베]

일반적으로 프랑스어 단어에서 마지막 자음은 발음되지 않습니다. (예외 있음)

A 아	B 베	C 쎄	D 데	E 으	F 에프
G 줴	H 아슈	I 이	J 쥐	K 꺄	L 엘르
M 엠므	N 엔느	O 오	P 뻬	Q 뀌	R 에흐
S 에쓰	T 떼	U 위	V 베	W 두블르베	X 익스
Y 이그헥	Z 제드				

R~Z 발음

자, 마지막으로 알파벳 R부터 Z까지의 발음을 예시 단어를 살펴보며 연습해 봅시다.

R 알파벳 명칭 [에흐] 음가 ㅎ	Rome [홈므] radio [하디오] merci [메흐씨]	S [에쓰] ㅆ	salon [쌀롱] saison [쎄죵] sport [스뽀흐]

r 뒤에 자음이 붙는 경우, 빠르게 발음하면 'ㄱ 받침' 소리가 납니다. Merci [메흐씨]/[멕씨] s 앞뒤로 모음이 붙으면 예외적으로 [ㅈ] 소리가 납니다.

T [떼] ㄸ ㅌ(+ r)	**télé** [뗄레] **thé** [떼] **train** [트항]	**U** [위] 위	**tu** [뛰] **université** [위니베흐씨떼] **bus** [뷔쓰]

Tip t 다음 r가 오는 경우에는 [ㅌ]로 발음합니다.

V [베] ㅂ	**vélo** [벨로] **ville** [빌] **vie** [비]	**W** [두블르베] ㅂ 위	**wagon** [바공] **week-end** [위껜드] **wifi** [위피]

Tip w는 외래어를 표기할 때 쓰이며, 경우에 따라 발음이 달라집니다. 주의해 주세요!

X [익스] **g z** **k s**	**examen** [에그자망] **xylophone** [그질로폰느] **taxi** [딱씨] **luxe** [뤽쓰]	**Y** [이그헥] 이	**yoga** [요갸] **cycle** [씨끌르]

Z [제드] ㅈ	**zéro** [제호] **zoo** [조] **zèbre** [제브흐]

Tip qu는 [ㄲ]로 발음합니다.

3 복합 자음

지금까지 알파벳 하나하나의 개별적인 발음들을 단어를 통해 학습해 보았습니다. 이번에는 프랑스어 단어에서 자주 쓰이는 복합 자음 3가지를 알려드리려고 합니다. 복합 자음이란, 단어 안에서 두 개의 자음이 함께 오는 경우를 지칭하는데요. 여러분이 이번 시간에 학습하게 될 복합 자음들은 자음이 개별적으로 올 때와는 완전히 다르게 발음되기 때문에 꼭 암기해야 합니다. 지금부터 함께 공부해 볼까요?

ch [ʃ] 슈	**chocolat** [쇼꼴라] **cheval** [슈발] **chambre** [셩브흐]	**gn** [ɲ] 뉴	**champagne** [셩빤뉴] **montagne** [몽딴뉴] **vigne** [빈뉴]

ph [f] 프	**photo** [포또] **pharmacie** [파흐마씨]

Tip 복합 자음 ph는 알파벳 f와 발음이 동일합니다. 윗니로 아랫입술을 가볍게 누르는 느낌으로 발음해 보세요.

4 마무리 복습

이로써 세 번째 준비강의까지 마쳤습니다. 알파벳을 모두 학습한 소감이 어떠신가요? 다음 시간에는 오늘 처음 배웠던 복합 자음에 이어, 복합 모음을 학습해 보도록 할게요. 알파벳 R부터 Z까지 마지막으로 한번 더 읽고 끝내 볼까요?

R 에흐	**S** 에쓰	**T** 떼	**U** 위	**V** 베	**W** 두블르베
X 익스	**Y** 이그헥	**Z** 제드			

복합 모음, 철자 기호

학습 목표

1. 복합 모음 익히기
2. 철자 기호 익히기

복합 모음

준비강의 네 번째 시간입니다. 지난 시간에는 두 개 이상의 자음이 연달아 오는 복합 자음을 공부했습니다. 오늘은 두 개 이상의 '모음'이 연달아 오는 경우인 '복합 모음'을 알려드릴게요. 복합 모음은 모음이 낱개로 쓰였을 때와 다르게 발음해야 하므로 주의가 필요합니다. 대부분의 프랑스어 단어들이 복합 모음으로 이루어져 있기 때문에 복합 자음과 마찬가지로 꼭 암기해야 한다는 점 기억하면서 같이 천천히 읽어 볼까요?

모음	예	모음	예
ai **ei** [에]	**maison** [메죵] **mais** [메] **neige** [네쥬] **Seine** [쎈느]	**au** **eau** [오]	**aussi** [오씨] **haut** [오] **eau** [오] **gâteau** [갸또]

Tip s의 앞뒤로 모음이 오는 경우, 예외적으로 [z]로 발음합니다.

모음	예	모음	예
ou [우]	**où** [우] **jour** [쥬흐]	**oi** [우아]	**oiseau** [우아조] **soir** [수아흐]

모음	예
eu **œu** [외]	**deux** [되] **bleu** [블뢰] **cœur** [꾀흐] **sœur** [쐬흐]

eu 발음은 입을 '오' 모양으로 만든 상태에서 '에' 소리를 냅니다.

철자 기호

이번에는 프랑스어의 꽃이라고 할 수 있는 철자 기호에 대해 배워 보겠습니다. 프랑스어 단어를 읽다 보면 생소한 기호가 등장하는 경우가 있죠? 작은 점 두 개가 알파벳 위에 찍혀 있다든지, 위를 향하거나 아래를 향한 빗금이 있다든지, 또는 알파벳 아래에 갈퀴처럼 생긴 기호가 있다든지 등등... 이러한 철자 기호들은 총 5가지인데, 알파벳 발음에 영향을 끼칠 수 있기 때문에 정확하게 알고 넘어가는 것이 중요하답니다. 지금부터 함께 공부해 볼까요?

1) 5가지 철자 기호 é è ê ë ç

Accent aigu [악썽떼귀] **é** [에]	**été** [에떼] **école** [에꼴] **émission** [에미씨옹]

Tip accent aigu는 e에만 붙으며 e의 기본 발음인 [으]가 아닌 [에]로 발음합니다.

Accent grave [악썽 그하브] **è** [에] à è ù	**mère** [메흐] **où** [우] **là** [라]

Tip accent grave는 a, e, u에 붙으며 e를 제외하고 발음의 변화가 없습니다.

Tréma [트헤마] **ë** [에] ë ï ü	**noël** [노엘] **maïs** [마이스] **naïf** [나이프]

Tip tréma가 있으면 연이어 오는 모음을 따로 읽어야 합니다.

Accent circonflexe [악썽 씨흐꽁플렉스] **ê** [에] â ê î ô û	**âge** [아쥬] **hôtel** [오뗄] **forêt** [포헤]

Cédille [쎄디으] **ç** [ㅆ]	**ça** [싸] **leçon** [르쏭] **garçon** [갸흐쏭]

Tip c 다음에 모음 a, o, u가 오면 [ㄲ] 소리가 나지만 cédille가 붙으면 [ㅆ]로 발음합니다.

비모음, 주어 인칭대명사

학습 목표

1. 프랑스어 발음의 핵심이 되는 비모음(콧소리) 익히기
2. 문장 구성의 기본인 주어 인칭대명사 익히기

비모음

드디어 마지막 준비강의 시간입니다. 오늘은 프랑스어 발음의 대표적인 특징인 비모음(콧소리)에 대해 학습해 볼 텐데요. 프랑스어를 흉내 내는 분들은 대부분 '앙, 엉, 옹'과 같은 비모음을 많이 들어 보셨을 거예요. 그만큼 프랑스어는 콧소리를 활용하는 언어입니다. 모음 뒤에 n이나 m이 오는 경우에 이러한 비모음이 형성되는데요. 지금부터 함께 배워 볼까요?

an **am** [엉]	**an** [엉] **lampe** [렁쁘]	**en** **em** [엉]	**enfant** [엉펑] **ensemble** [엉썽블르]
on **om** [옹]	**non** [농] **nombre** [농브흐]	**in** **im** [앙]	**invitation** [앙비따씨옹] **important** [앙뽀흐떵]
ain **aim** [앙]	**pain** [빵] **faim** [팡]	**un** **um** [앙]	**un** [앙] **parfum** [빠흐팡]

주어 인칭대명사

이제 프랑스어를 본격적으로 배우기 위한 기초를 모두 마스터했습니다. 열심히 따라와 주신 여러분께 박수를 보냅니다. 짝짝짝! 본 강의에서는 프랑스어로 직접 문장을 만들어 보는 시간을 가질 예정이에요. 본 강의로 들어가기에 앞서 프랑스어 문장 구성의 기본이라고 할 수 있는 주어 인칭대명사를 알고 가면 훨씬 수월하겠죠? 한국어 문장을 만들 때와 마찬가지로 프랑스어에서도 '나, 너, 그, 그녀'와 같은 주어는 절대로 빠져서는 안 될 중요한 요소랍니다. 지금부터 함께 주어 인칭대명사를 배워 볼까요?

나	너	그	그녀
Je [쥬]	Tu [뛰]	Il [일]	Elle [엘]
우리	**너희**	**그들**	**그녀들**
Nous [누]	Vous [부]	Ils [일]	Elles [엘]

자, 이렇게 해서 본 강의를 위한 모든 준비를 마쳤습니다. 본격적으로 프랑스어를 배울 생각에 설레지 않나요? 이제 프랑스어를 배워 보도록 합시다. 1강에서 만나요!

Partie 01

나는 치과 의사입니다.

학습 목표 '나는 ~이다' 말하기

Leçon 01	나는 치과 의사입니다.	Leçon 02	우리는 피아니스트가 아닙니다.

Leçon 01

Je suis dentiste.

나는 치과 의사입니다.

학습 목표

- ÊTRE(~이다) 동사를 활용하여 '나는 ~이다'라는 문장 만들기
- 프랑스어로 평서문, 의문문, 부정문 표현하기
- 여러 가지 직업 명사를 활용하여 직업 소개하기

학습 단어

dentiste [덩띠스뜨] n. 치과 의사 | **oui** [위] adv. 네 | **non** [농] adv. 아니요 | **bonjour** [봉쥬흐] 안녕하세요(낮 인사)

ÉTAPE 01 지난 시간 떠올리기

▶ 지난 시간 학습했던 내용들을 떠올려 볼까요?

1 주어 인칭대명사

준비 단계에서 배운 주어 인칭대명사를 기억하시나요? 이제 본격적으로 문장을 만들어 볼 텐데, 그에 앞서 필수적으로 알고 있어야 하는 문장 구성 요소인 '주어'를 다시 한번 짚어 보도록 합시다.

나	너	그	그녀
Je [쥬]	Tu [뛰]	Il [일]	Elle [엘]
우리	**너희**	**그들**	**그녀들**
Nous [누]	Vous [부]	Ils [일]	Elles [엘]

Tip 단어들의 마지막 자음은 대부분 발음되지 않기 때문에 그들 Ils, 그녀들 Elles과 그 Il, 그녀 Elle의 발음이 동일합니다.

오늘의 미션 학습이 끝나면 이 문장을 완벽하게 말할 수 있어요!

A: 너는 치과 의사니?

B: 응, 나는 치과 의사야.

숫자 **1 un** [앙]

ÉTAPE 

오늘의 학습

▶ 오늘 배울 내용들을 살펴보고, 머릿속에 차곡차곡 담아 볼까요?

프랑스어와 한국어의 어순 비교

프랑스어로 문장을 만들기 위해서는 먼저 어순을 완벽하게 알아야 합니다. 한국어는 주어-보어-동사의 어순을 가지는 반면, 프랑스어는 주어-동사-보어의 어순을 따릅니다. 함께 프랑스어 어순을 익혀 봅시다.

한국어 나는 치과 의사이다. 나는 밥을 먹는다.

프랑스어 나는(주어) 이다(동사) 치과 의사(보어). 나는(주어) 먹는다(동사) 밥을(보어).

주어는	~이다	치과 의사
Je	(동사)	(보어)
Tu		
Il/Elle		
Nous		
Vous		
Ils/Elles		

오늘의 핵심 문장인 '나는 치과 의사이다'를 완성하기 위해 주어 인칭대명사를 복습하고 주어-동사-보어의 프랑스어 어순을 알아보았습니다. 이제 주어 다음에 나올 '동사'를 살펴볼까요?

~이다 être

오늘 강의에서는 일상생활에서 가장 많이 쓰이는 동사 중 하나인 être(~이다) 동사를 배워 보도록 합시다. 프랑스어의 모든 동사들은 주어나 시제에 따라 변화하는데, 동사의 어미에 따라 규칙 동사인 1군과 2군 그리고 불규칙 동사인 3군으로 나뉩니다. 오늘은 3군 불규칙 동사에 해당하는 être 동사의 현재 시제 단수 인칭 변화를 알아볼까요?

주어는	~이다
Je	suis [쒸]
Tu	es [에]
Il	est [에]
Elle	

Tip 소리 나는 자음 뒤에 모음으로 시작하는 단어가 올 경우, 자음과 모음을 자연스럽게 이어서 읽어 줍니다. Il‿est [일 레] / Elle‿est [엘 레]. Elle의 스펠링은 모음 e로 끝나지만 발음상 자음 l로 끝나므로 뒤따르는 모음과 이어서 읽어야 합니다.

✔확인 체크 être 동사의 현재 시제 단수 인칭 변형을 떠올리면서 써 봅시다.

주어는	~이다
Je	✎
Tu	✎
Il	✎
Elle	✎

- 나는 Clara이다. → Je suis Clara.
- 너는 Clara이다. → Tu es Clara.

Je suis / Tu es 뒤에 이름을 붙여 '나는 ~이다, 너는 ~이다'와 같이 소개하는 표현으로 사용할 수 있습니다. 하지만 Il est / Elle est 뒤에는 이름을 붙여 소개하는 표현을 사용하지 않습니다.

3 단수 명사

앞서 배운 문장 뒤에 직업 명사를 붙이면 직업을 소개하는 문장이 됩니다. 치과 의사를 뜻하는 dentiste [덩띠스뜨]를 활용하여 문장을 만드는 연습을 해 봅시다.

치과 의사 dentiste [덩띠스뜨]

- 나는 치과 의사이다. → Je suis dentiste.
- 너는 치과 의사이다. → Tu es dentiste.
- 그는 치과 의사이다. → Il est dentiste.
- 그녀는 치과 의사이다. → Elle est dentiste.

의문문 만들기

평서문을 만들어 보았으니 의문문을 만드는 방법도 알아봅시다. 평서문 뒤에 물음표를 붙이고 억양만 높여 주면 바로 완성입니다! 아주 쉽죠? 함께 큰 소리로 읽어 볼까요?

평서문 + ? (억양 높이기)

- 너는 치과 의사이다. → Tu es dentiste.
- 너는 치과 의사니? → Tu es dentiste ?
- 그는 치과 의사니? → Il est dentiste ?
- 그녀는 치과 의사니? → Elle est dentiste ?

부정문 만들기

평서문과 의문문을 만들 수 있게 되었으니 마지막으로 부정문도 만들어 봐야겠죠? 동사의 앞뒤로 ne pas를 붙이면 부정문이 완성된답니다. 종종 모음으로 끝나는 단어와 모음으로 시작하는 단어가 충돌하면서 축약이 일어나는 경우가 있습니다. 모음 축약에 유의하면서 큰 소리로 읽어 봅시다.

동사 앞뒤로 ne pas 붙이기

주어는	~이 아니다
Je	ne suis pas [느 쒸 빠]
Tu	n'es pas [네 빠]
Il	n'est pas [네 빠]
Elle	

ne와 es, est가 만나면 모음 충돌이 일어나 n'es와 n'est로 축약됩니다.

✔확인 체크 être 동사를 활용하여 부정문을 만들어 봅시다.

주어는	~이 아니다
Je	
Tu	
Il	
Elle	

- 나는 치과 의사가 아니다. → Je ne suis pas dentiste.
- 너는 치과 의사가 아니다. → Tu n'es pas dentiste.
- 그는 치과 의사가 아니다. → Il n'est pas dentiste.
- 그녀는 치과 의사가 아니다. → Elle n'est pas dentiste.

ÉTAPE 03 대화로 말해 보기

▶ 오늘 배운 문장들을 활용하여 대화를 나눠 봐요!

A | 너는 Clara니? → Tu es Clara ?

B | 응, 나는 Clara야. → Oui [위], je suis Clara.

A | 너는 치과 의사니? → Tu es dentiste ?

B | 응, 나는 치과 의사야. → Oui, je suis dentiste.

너는 치과 의사니? Tu es dentiste ?

A | 아니, 나는 치과 의사가 아니야. → Non [농], je ne suis pas dentiste.

미션 확인 오늘의 핵심 문장을 완벽하게 외워 봅시다.

A: 너는 치과 의사니? → Tu es dentiste ?

B: 응, 나는 치과 의사야. → Oui, je suis dentiste.

연습 문제

▶ 문제를 풀어 보면서 공부한 내용들을 완전히 내 것으로 만들어 봐요!

1 밑줄에 들어갈 알맞은 동사 변화를 써 보세요.

1. 그는 치과 의사이다. Il ________ dentiste.
2. 너는 치과 의사가 아니다. Tu ________ dentiste.
3. 그녀는 치과 의사니? Elle ________ dentiste ?
4. 나는 치과 의사이다. Je ________ dentiste.

2 주어진 낱말들로 문장을 만드세요.

1. 나는 치과 의사가 아니다. (pas / je / dentiste / ne / suis)

____

2. 그녀는 치과 의사니? (elle / dentiste / est)

____

3. 너는 치과 의사이다. (es / dentiste / tu)

____

4. 그는 치과 의사가 아니다. (dentiste / pas / est / n' / il)

____

3 주어진 단수 명사를 활용하여 문장을 완성해 보세요

professeur [프호페쐬흐] n. 교수 | journaliste [쥬흐날리스뜨] n. 기자

1. 나는 교수이다. ________________
2. 너는 교수가 아니다. ________________
3. 그녀는 기자니? ________________
4. 그는 기자이다. ________________

4 다음 평서문을 부정문으로 바꾸세요.

1. Je suis dentiste. ____________________

2. Tu es Clara. ____________________

3. Il est journaliste. ____________________

4. Elle est professeur. ____________________

5 해석을 참고하여 프랑스어로 작문해 보세요.

1. 너는 Clara니?

____

2. 응, 나는 Clara야.

____

3. 너는 치과 의사니?

____

4. 아니, 나는 치과 의사가 아니야.

____

정답

1 1. est 2. n'es pas 3. est 4. suis

2 1. Je ne suis pas dentiste. 2. Elle est dentiste ? 3. Tu es dentiste. 4. Il n'est pas dentiste.

3 1. Je suis professeur. 2. Tu n'es pas professeur. 3. Elle est journaliste ? 4. Il est journaliste.

4 1. Je ne suis pas dentiste. 2. Tu n'es pas Clara. 3. Il n'est pas journaliste. 4. Elle n'est pas professeur.

5 1. Tu es Clara ? 2. Oui, je suis Clara. 3. Tu es dentiste ? 4. Non, je ne suis pas dentiste.

표현 더하기

▶ 오늘 배운 내용과 관련된 다양한 표현을 익혀 봐요!

안녕하세요! (낮 인사)
Bonjour ! [봉쥬흐]

프랑스에는 낮에 하는 인사와 저녁에 하는 인사가 다르다는 것, 알고 계셨나요? 프랑스어를 모르는 분들도 익숙하게 아는 프랑스어 인사, bonjour. 이 인사가 바로 낮 시간에 하는 인사랍니다. 낮 인사와 저녁 인사가 각각 따로 있으니, 때에 맞는 적절한 인사말을 사용하면 좋겠죠?

클라라 선생님의 꿀팁

된소리로 발음해요. ㅆ, ㄲ, ㅃ, ㄸ...!

프랑스어의 가장 큰 매력 중 하나가 바로 아름다운 발음이죠! 그래서 프랑스어를 처음 배우는 분들은 어떻게 하면 좀 더 원어민과 가까운, 정확한 발음을 낼 수 있을까 고민하실 텐데요. 프랑스어 발음은 된소리가 키포인트랍니다.

ㅅ보다는 ㅆ에 가깝게(**salon** [쌀롱]), ㅋ보다는 ㄲ에 가깝게(**boutique** [부띠끄]), ㅍ보다는 ㅃ에 가깝게(**petit** [쁘띠]) 그리고 ㅌ보다는 ㄸ에 가깝게(**gentil** [졍띠]) 발음해 주세요. 이렇게 발음 연습을 한다면 원어민과 비슷하게 발음할 수 있을 거예요.

원어민처럼 말하려면 '된소리로 발음하기'를 꼭 기억해 주세요!

France

문화 탐방 볼 뽀뽀(비즈), 들어 보셨나요?

인사 문화

우리나라에서 사람을 만났을 때 악수를 하거나 손을 반갑게 흔들며 인사하는 것처럼 프랑스에서도 그들만의 특별한 인사법이 있다는 것 알고 계셨나요? 볼과 볼을 맞대고 허공에 '쪽' 소리를 내는 인사법, 바로 La bise [라 비즈]가 그것인데요, 비즈는 프랑스뿐만 아니라 스페인과 이탈리아와 같은 남부 유럽에서도 널리 쓰이는 인사법이랍니다. 여러분도 언젠가 유럽으로 여행을 갈 계획이라면 비즈 문화를 좀 더 자세히 알고 떠나는 것이 좋겠죠?

비즈는 이미 안면이 있는 친한 사람들과 하는 것이 대부분이지만, 처음 만난 사람들과도 할 수 있는 인사입니다. 비즈를 할 때는 서로의 볼에 입술을 대고 뽀뽀를 하는 것이 아니라, 오른쪽 뺨부터 번갈아 맞대며 입술로 소리만 내 주는 것이 정석이에요. 오히려 볼에 뽀뽀를 하는 것을 실례로 여길 수 있으니 꼭 볼과 볼끼리만 교감할 수 있도록 해 주세요.

또한 비즈는 여성과 여성, 여성과 남성 사이에서 주로 이루어지는 인사법이며, 남성끼리는 비즈보다 악수로 반가움을 표현합니다. 만약 프랑스 현지 남성에게 비즈를 하려고 다가갔는데, 남성 분이 비즈 대신 악수를 권한다면 속상해 하거나 당황하지 마시고, 가볍게 오른손을 내밀어 악수를 청해 보세요.

비즈는 꼭 두 번만 해야 하는 건가요? 하고 궁금해 하시는 분들이 있을 텐데, 일반적으로는 오른쪽 한 번, 왼쪽 한 번, 총 두 번을 합니다. 프랑스 남부에서는 가까운 사이일수록 그 횟수를 세 번, 네 번까지도 늘리며 친밀감을 나타낸답니다.

앞으로 프랑스 친구를 사귄다면, 먼저 다가가 프랑스식 인사를 하자고 제안할 수 있어야겠죠? 함께 말해 볼까요?

Bonjour

우리 볼 뽀뽀(비즈)할까요?

On se fait la bise ?
옹 쓰 페 라 비즈

Leçon 02

Nous ne sommes pas pianistes.

우리는 피아니스트가 아닙니다.

학습 목표

- ÊTRE 동사를 활용하여 '우리는 ~이다'라는 문장 만들기
- 복수 명사를 만들고 문장에 활용하기
- 여러 가지 직업 명사를 활용하여 직업 소개하기

학습 단어

pianiste [삐아니스뜨] n. 피아니스트 | **bonsoir** [봉수아흐] 안녕하세요(저녁 인사)

지난 시간 떠올리기

▶ 지난 시간 학습했던 내용들을 떠올려 볼까요?

~이다 être (단수 인칭 변형)

지난 강의에서 영어의 to be 동사에 해당하는 être 동사의 단수 인칭 변형을 배웠습니다. 프랑스어 동사들은 인칭에 따라 변하는 까다로운 특징이 있기 때문에 처음부터 기초를 탄탄하게 잡는 것이 매우 중요하답니다. 복수 인칭 변형으로 넘어가기 전에 한번 더 복습하면서 단수 인칭 변형을 완벽하게 내 것으로 만들어 보아요!

주어는	~이다
Je	suis [쒸]
Tu	es [에]
Il	est [에]
Elle	

부정문

평서문에서 동사의 앞뒤로 ne pas를 붙여 주면 부정문이 된다는 사실, 모두 잘 기억하고 있나요? 일상생활에서 긍정문만큼이나 부정문도 자주 사용되므로, 모음 축약에 주의하면서 다시 한번 확실하게 짚고 넘어가도록 해요!

주어는	~이 아니다
Je	ne suis pas [느 쒸 빠]
Tu	n'es pas [네 빠]
Il	n'est pas [네 빠]
Elle	

오늘의 미션 학습이 끝나면 이 문장을 완벽하게 말할 수 있어요!

A: 우리는 피아니스트가 아니야.
우리는 치과 의사야.

✔ 숫자 **2 deux** [되]

Tip eu 발음을 할 때는 입 모양을 '오'로 만든 상태에서 '에' 소리를 내 보세요.

ÉTAPE 

오늘의 학습

▶ 오늘 배울 내용들을 살펴보고, 머릿속에 차곡차곡 담아 볼까요?

1 ~이다 être (복수 인칭 변형)

복습을 통해 단수 인칭 변형을 완벽하게 내 것으로 만들었다면 이제 être 동사의 복수 인칭 변형을 학습해 볼 차례입니다. 프랑스어 단어의 대부분은 마지막 자음을 발음하지 않는다고 말씀드렸는데요. 그 부분을 떠올리면서 함께 읽어 볼까요?

주어는	~이다
Nous	sommes [쏨므]
Vous	êtes [엣뜨]
Ils	sont [쏭]
Elles	

Tip vous와 êtes는 연음하여 [부젯뜨]로 읽습니다.

✔ 확인 체크 être 동사의 현재 시제 복수 인칭 변형을 떠올리면서 써 봅시다.

주어는	~이다
Nous	✎
Vous	✎
Ils	✎
Elles	✎

복수 명사

여러분, 영어에서 단수 명사를 복수 명사로 만들어 주는 마법의 알파벳을 알고 있나요? 그렇죠, 바로 s입니다. 영어와 마찬가지로 프랑스어도 단수 명사 뒤에 s를 붙여 주면 복수 명사가 만들어진답니다. 정말 간단하죠? 지난 시간에 배웠던 직업 명사들을 활용하여 복수 명사를 만들어 봅시다.

치과 의사 **dentiste** [덩띠스뜨] ▶ 치과 의사들 **dentistes** [덩띠스뜨]

 프랑스어 단어의 마지막 자음은 대부분 발음되지 않으므로 dentiste와 dentistes는 동일하게 발음합니다.

- 우리는 치과 의사이다. → Nous sommes dentistes.
- 너희는 치과 의사이다. → Vous êtes dentistes.
- 그들은 치과 의사이다. → Ils sont dentistes.
- 그녀들은 치과 의사이다. → Elles sont dentistes.

피아니스트 **pianiste** [삐아니스뜨] ▶ 피아니스트들 **pianistes** [삐아니스뜨]

- 우리는 피아니스트이다. → Nous sommes pianistes.
- 너희는 피아니스트이다. → Vous êtes pianistes.
- 그들은 피아니스트이다. → Ils sont pianistes.
- 그녀들은 피아니스트이다. → Elles sont pianistes.

3 부정문 만들기

동사 앞뒤로 ne pas 붙이기

이번에는 être 동사의 복수 인칭 변형과 앞서 배운 여러 직업 명사들을 활용하여 부정문을 만들어 봅시다. 지난 시간과 동일하게 평서문에서 동사의 앞뒤로 ne pas만 붙이면 부정문이 완성됩니다. 큰 소리로 함께 읽어 볼까요?

주어는	~이 아니다
Nous	ne sommes pas [느 쏨므 빠]
Vous	n'êtes pas [넷뜨 빠]
Ils	ne sont pas [느 쏭 빠]
Elles	

Tip ne와 êtes가 만나면 모음 충돌이 일어나 n'êtes로 축약됩니다.

✔ 확인 체크 être 동사를 활용하여 부정문을 만들어 봅시다.

주어는	~이 아니다
Nous	✎
Vous	✎
Ils	✎
Elles	✎

- 우리는 치과 의사가 아니다. → Nous ne sommes pas dentistes.
- 너희는 치과 의사가 아니다. → Vous n'êtes pas dentistes.
- 그들은 치과 의사가 아니다. → Ils ne sont pas dentistes.
- 그녀들은 치과 의사가 아니다. → Elles ne sont pas dentistes.

- 우리는 피아니스트가 아니다. → Nous ne sommes pas pianistes.
- 너희는 피아니스트가 아니다. → Vous n'êtes pas pianistes.
- 그들은 피아니스트가 아니다. → Ils ne sont pas pianistes.
- 그녀들은 피아니스트가 아니다. → Elles ne sont pas pianistes.

ÉTAPE 03

대화로 말해 보기

▶ 오늘 배운 문장들을 활용하여 대화를 나눠 봐요!

A | 너희는 피아니스트니? ➡ Vous êtes pianistes ?

B | 아니, 우리는 피아니스트가 아니야. ➡ Non, nous ne sommes pas pianistes.

우리는 치과 의사야. Nous sommes dentistes.

미션 확인 오늘의 핵심 문장을 완벽하게 외워 봅시다.

A: 우리는 피아니스트가 아니야. ➡ Nous ne sommes pas pianistes.

우리는 치과 의사야. ➡ Nous sommes dentistes.

ÉTAPE 04 연습 문제

▶ 문제를 풀어 보면서 공부한 내용들을 완전히 내 것으로 만들어 봐요!

1 밑줄에 들어갈 알맞은 말을 써 보세요.

1. 우리는 치과 의사이다. Nous ______ dentistes.
2. 너희는 치과 의사니? Vous ______ dentistes ?
3. 그녀들은 피아니스트가 아니다. Elles ______ pianistes.
4. 그들은 피아니스트이다. Ils ______ pianistes.

2 밑줄에 들어갈 단어를 보기에서 고르세요.

보기	ne	nous	dentistes	êtes

1. ______ ne sommes pas pianistes.
2. Vous ______ professeurs ?
3. Elles ______ sont pas journalistes.
4. Ils sont ______ .

3 주어진 낱말들로 문장을 만드세요.

1. 그들은 치과 의사이다. (sont / dentistes / ils)

______

2. 우리는 기자가 아니다. (pas / journalistes / nous / ne / sommes)

______

3. 너희는 교수이다. (professeurs / êtes / vous)

______

4. 그녀들은 피아니스트가 아니다. (ne / elles / pianistes / pas / sont)

______

4 다음 질문에 대한 대답을 써 보세요.

1. Vous êtes dentistes ?

(긍정) ______________________

2. Vous êtes pianistes ?

(부정) ______________________

3. Ils sont dentistes ?

(긍정) ______________________

4. Elles sont pianistes ?

(부정) ______________________

5 주어진 명사를 활용하여 문장을 만들어 보세요

peintre [빵트흐] n. 화가 | photographe [포또그하프] n. 사진가

1. 우리는 사진가이다. ______________________

2. 너희는 화가니? ______________________

3. 그들은 사진가가 아니다. ______________________

4. 그녀들은 화가이다. ______________________

정답

1 1. sommes 2. êtes 3. ne sont pas 4. sont

2 1. Nous 2. êtes 3. ne 4. dentistes

3 1. Ils sont dentistes. 2. Nous ne sommes pas journalistes. 3. Vous êtes professeurs. 4. Elles ne sont pas pianistes.

4 1. Oui, nous sommes dentistes. 2. Non, nous ne sommes pas pianistes. 3. Oui, ils sont dentistes. 4. Non, elles ne sont pas pianistes.

5 1. Nous sommes photographes. 2. Vous êtes peintres ? 3. Ils ne sont pas photographes. 4. Elles sont peintres.

표현 더하기

▶ 오늘 배운 내용과 관련된 다양한 표현을 익혀 봐요!

안녕하세요! (저녁 인사)
Bonsoir ! [봉수아흐]

지난 강의에서는 낮에 하는 인사인 bonjour를 알려드렸습니다. 이번에는 해가 지고 난 뒤, 저녁 시간에 하는 인사말을 알려드리겠습니다. 바로 bonsoir인데요. jour는 '낮'을 의미하고, soir는 '오후, 저녁'을 의미한답니다. 오늘부터 bonjour와 bonsoir을 적절하게 구분하여 사용하는 습관을 들여 보세요!

클라라 선생님의 꿀팁

프랑스식 발음으로 읽어 봐요!

동네마다 하나씩은 꼭 있는 프랑스어 간판의 프랜차이즈 빵집, 카페 거리를 걷다 보면 하나 둘씩 보이는 프랑스어 간판의 카페가 익숙하실 텐데요. 이번 코너에서는 그러한 프랑스어 명칭들을 한국어 표기가 아닌 실제 프랑스식 발음으로 제대로 읽어 보도록 해요.

Paris Baguette 파리 바게트(x) 빠히 바게뜨 (o)

Tous Les Jours 뚜 레 쥬르(x) 뚜 레 쥬흐 (o)

Paris Croissant 파리 크로와상(x) 빠히 크후아썽(o)

r 발음과 된소리 발음에 집중하면서 여러 번 읽어 보세요.

France

문화 탐방 프랑스의 수능 바칼로레아

시험 문화

우리나라에 수능이 있다면 프랑스에는 Baccalauréat [바꺌로헤아] 시험이 있습니다. 약칭으로 Bac [바끄]라고도 불리는 바칼로레아 시험은 1800년대에 처음 실시되어 오늘날까지 이어지고 있는 고등학교 졸업 시험이자 대학 입학 자격 시험이랍니다.

프랑스 고등학교(Lycée [리쎄])에서는 바칼로레아 취득을 목표로 일반 교육 과정을 진행합니다. 우리나라 고등학교가 문과와 이과로 나뉘듯, 프랑스 고등학교도 과학(S), 문학(L), 경제, 사회(ES)로 나뉘는데 바칼로레아에서는 어떤 교육 과정을 거쳤느냐에 따라 문학, 경제사회, 과학 계열로 나뉘어 시험을 보게 된답니다.

바칼로레아 시험의 가장 대표적인 특징은 유형과 채점 방식인데요. 우리나라 수능과 다르게 바칼로레아 시험은 논술형 글쓰기를 기반으로 절대 평가 방식 취하며, 20점 만점에 평균 점수 10점 이상이면 통과할 수 있답니다. 10점만 넘기면 통과할 수 있다니, 너무 간단해 보이나요? 하지만 통과 장벽이 그리 높지 않은 만큼 점수에 차별화를 둘 수 있는 디테일한 채점 요소가 한 가지 더 있습니다. 점수에 대한 전체적인 평가인 평점(mention[멍씨옹])이 바로 그것인데요. 평균 10점 이상은 Passable [빠싸블르], 12점 이상 Assez bien [아쎄 비앙], 14점 이상 Bien [비앙], 16점 이상은 Très bien [트헤 비앙]에 해당하는 평점을 받게 됩니다. 특히 철학 과목에서 10점 이상의 점수를 받는 것은 여간 어려운 일이 아니에요. 그 이유는 4시간 동안 주어진 주제에 대해 자신의 생각을 일목요연하게 서술해야 하기 때문인데요. 이를 위해서는 단순 요령과 암기가 아닌 꾸준한 독서와 공부가 필요하답니다.

아래는 바칼로레아의 철학 시험 문제 중 하나를 발췌한 것입니다. 같이 한번 생각해 볼까요?

이성이 모든 것을 합리화할 수 있는가?

La raison peut-elle rendre raison de tout ?
라 헤종 쁘 뗄 헝드흐 헤종 드 뚜

Partie

02 나는 학생입니다.

학습 목표 직업 말하기

Leçon 03 나는 학생입니다.

Leçon 04 우리는 음악가입니다.

Leçon 03

Je suis étudiant(e).

나는 학생입니다.

학습 목표

- ÊTRE 동사 단수 인칭 변형과 다양한 직업 명사 활용하여 직업 소개하기
- 명사를 주어의 성에 맞추어 사용하기

학습 단어

étudiant [에뛰디엉] n.m. (남)학생 | **étudiante** [에뛰디엉뜨] n.f. (여)학생 | **et** [에] conj. 그리고 | **musicien** [뮈지씨앙] n.m. (남)음악가 | **musicienne** [뮈지씨엔느] n.f. (여)음악가 | **aussi** [오씨] adv. 또한 | **enchanté(e)** [엉셩떼] 만나서 반가워요

지난 시간 떠올리기

▶ 지난 시간 학습했던 내용들을 떠올려 볼까요?

1 ~이다 être

지금까지 우리가 열심히 학습해 온 être 동사는 직업 명사뿐만 아니라 무수히 많은 명사, 형용사들과 함께 쓰이는 중요한 동사랍니다. 오늘 강의에서 배울 여러 직업 명사들을 알맞게 활용하여 완벽한 문장을 만들 수 있도록 être 동사를 마스터하고 넘어가도록 해요!

주어는	~이다
Je	suis [쒸]
Tu	es [에]
Il	est [에]
Elle	
Nous	sommes [쏨므]
Vous	êtes [엣뜨]
Ils	sont [쏭]
Elles	

2 부정문

'부정문=동사 앞뒤 ne pas'를 반복적으로 되뇌어 보았나요? 이제는 부정문을 만드는 방법에 어느 정도 익숙해졌을 거예요. 내 입이 완벽하게 기억할 수 있도록 큰 소리로 한 번 더 연습해 봅시다.

주어는	~이다
Je	ne suis pas [느 쒸 빠]
Tu	n'es pas [네 빠]
Il	n'est pas [네 빠]
Elle	
Nous	ne sommes pas [느 쏨므 빠]
Vous	n'êtes pas [넷뜨 빠]
Ils	ne sont pas [느 쏭 빠]
Elles	

오늘의 미션

학습이 끝나면 이 문장을 완벽하게 말할 수 있어요!

A: 너는 (여)학생이니?

B: 응, 나는 (여)학생이야.

숫자 **3 trois** [트후아]

ÉTAPE 

오늘의 학습

▶ 오늘 배울 내용들을 살펴보고, 머릿속에 차곡차곡 담아 볼까요?

프랑스어 명사

남성 명사, 여성 명사의 구분

한국어에는 없는, 프랑스어의 독특한 특징을 소개해 드릴게요. 바로 남성 명사와 여성 명사의 구분인데요. 꽃, 하늘, 바다와 같은 프랑스어의 모든 명사들은 남성 명사와 여성 명사로 나뉜답니다. 직업 명사도 당연히 여성형 남성형으로 나눌 수 있겠죠? 지금까지 우리가 배웠던 직업 명사들은 남성형, 여성형이 같은 형태였기 때문에 따로 구분하여 외울 필요가 없었습니다. 오늘은 본격적으로 남성형, 여성형으로 구분되는 직업 명사들을 알려드릴게요. 집중하면서 따라오세요!

기본 규칙 : 남성 명사 + e ▶ 여성 명사

대부분의 명사들은 위의 규칙을 따릅니다. 남성 명사의 뒤에 e만 추가하면 여성 명사 완성! 아주 간단한 규칙이죠? 지금부터 위 규칙을 따르는 여러 직업 명사들을 소개해 드리겠습니다.

직업 명사(단수)

직업 명사는 주어의 성과 수에 일치시켜 주어야 합니다. 주어가 남성일 경우에는 직업 명사도 남성형을, 주어가 여성일 경우에는 직업 명사도 여성형을 사용해야겠죠? 발음에 유의하면서 크게 읽어 봅시다.

(남)학생	(여)학생
étudiant	étudiante
[에뛰디엉]	[에뛰디엉뜨]

 위 여성 명사의 경우, 남성 명사일 때 소리나지 않던 단어의 마지막 자음 t 뒤에 모음 e가 오면서 [뜨] 발음이 납니다.

✔ 나는 학생이다.	→ Je suis étudiant.
✔ 나는 학생이다.	→ Je suis étudiante.
✔ 너는 학생이다.	→ Tu es étudiant.
✔ 너는 학생이다.	→ Tu es étudiante.

✔ 그는 학생이다. → Il est étudiant.

✔ 그녀는 학생이다. → Elle est étudiante.

(남)음악가	(여)음악가
musicien	musicienne
[뮈지씨앙]	[뮈지씨엔느]

Tip -en으로 끝나는 직업 명사는 ne를 붙여 주면 여성형이 됩니다. 또한 모음과 모음 사이에 s가 오면 [z]로 발음합니다.

✔ 나는 음악가이다. → Je suis musicien.

✔ 나는 음악가이다. → Je suis musicienne.

✔ 너는 음악가이다. → Tu es musicien.

✔ 너는 음악가이다. → Tu es musicienne.

✔ 그는 음악가이다. → Il est musicien.

✔ 그녀는 음악가이다. → Elle est musicienne.

3 부정문

누군가 내 직업에 대해 잘못된 정보를 알고 있다면 당당하게 아니라고 말할 수 있어야겠죠? '부정문=동사 앞뒤로 ne pas'를 떠올리며 부정문을 만들어 봅시다. 이때 ne와 모음으로 시작하는 동사 사이에 축약을 주의해야 한다는 점 기억해 주세요!

나는 학생이 아니다.	Je ne suis pas étudiant.
나는 학생이 아니다.	Je ne suis pas étudiante.
너는 학생이 아니다.	Tu n'es pas étudiant.
너는 학생이 아니다.	Tu n'es pas étudiante.
그는 학생이 아니다.	Il n'est pas étudiant.
그녀는 학생이 아니다.	Elle n'est pas étudiante.

나는 음악가가 아니다.	Je ne suis pas musicien.
너는 음악가가 아니다.	Tu n'es pas musicienne.
그는 음악가가 아니다.	Il n'est pas musicien.
그녀는 음악가가 아니다.	Elle n'est pas musicienne.

대화로 말해 보기

▶ 오늘 배운 문장들을 활용하여 대화를 나눠 봐요!

A | 너는 학생이니? → Tu es étudiant ?

B | 응, 나는 학생이야. → Oui, je suis étudiant.

그리고 나는 또한 음악가야. → Et [에] je suis aussi [오씨] musicien.

너는 음악가니? → Tu es musicienne ?

A | 아니, 나는 음악가가 아니야. → Non, je ne suis pas musicienne.

나는 학생이야. → Je suis étudiante.

Tip aussi와 같은 부사들은 동사 뒤에 붙습니다.

미션 확인 오늘의 핵심 문장을 완벽하게 외워 봅시다.

A: 너는 (여)학생이니? → Tu es étudiante ?

B: 응, 나는 (여)학생이야. → Oui, je suis étudiante.

ÉTAPE 04 연습 문제

▶ 문제를 풀어 보면서 공부한 내용들을 완전히 내 것으로 만들어 봐요!

1 밑줄에 들어갈 알맞은 말을 써 보세요.

1. 나는 학생이다. (남) Je suis ________.
2. 너는 학생이니? (여) Tu es ________?
3. 그는 학생이 아니다. Il n'est pas ________.
4. 그녀는 학생이다. Elle est ________.

2 밑줄에 들어갈 단어를 보기에서 고르세요.

보기	musicienne	es	est	étudiant

1. Tu ________ musicienne.
2. Tu es ________? (남)
3. Il ________ musicien.
4. Je suis ________. (여)

3 주어진 낱말들로 문장을 만드세요.

1. 그는 음악가이다. (musicien / est / il)

____

2. 그녀는 학생이 아니다. (elle / étudiante / pas / est / n')

____

3. 나는 학생이다. (남) (suis / étudiant / je)

____

4. 너는 음악가가 아니다. (여) (n' / musicienne / es / tu / pas)

____

4 해석을 참고하여 프랑스어로 작문해 보세요.

1. 너는 학생이니? (여)

2. 응, 나는 학생이야. (여)

3. 그리고 나는 또한 음악가야. (여)

4. 나는 음악가가 아니야. (남)

주어진 명사를 활용하여 문장을 만들어 보세요

pharmacien [파흐마씨앙] n.m. 약사 | pharmacienne [파흐마씨엔느] n.f. 약사

1. 나는 약사이다. (남)
2. 나는 약사가 아니다. (남)
3. 나는 약사이다. (여)
4. 나는 약사가 아니다. (여)

정답

1 1. étudiant 2. étudiante 3. étudiant 4. étudiante

2 1. es 2. étudiant 3. est 4. musicienne

3 1. Il est musicien. 2. Elle n'est pas étudiante. 3. Je suis étudiant. 4. Tu n'es pas musicienne.

4 1. Tu es étudiante ? 2. Oui, je suis étudiante. 3. Et je suis aussi musicienne. 4. Je ne suis pas musicien.

5 1. Je suis pharmacien. 2. Je ne suis pas pharmacien. 3. Je suis pharmacienne. 4. Je ne suis pas pharmacienne.

표현 더하기

▶ 오늘 배운 내용과 관련된 다양한 표현을 익혀 봐요!

만나서 반갑습니다!
Enchanté ! [엉셩떼] Enchantée ! [엉셩떼]

enchanté, enchantée는 형용사로 '매우 반가운'이라는 의미를 지닌 단어입니다. 단독으로 사용하면 영어의 nice to meet you와 같이, 처음 만났을 때 하는 인사말로도 쓰이는데요. 화자가 남성일 경우에는 é로 끝나지만 여성일 경우에는 뒤에 e를 덧붙여 사용한다는 것이 특징이에요. 상대방이 enchanté(e)라고 인사하면, 마찬가지로 enchanté(e)로 대답하면 된답니다.

클라라 선생님의 꿀팁

Je ne suis pas étudiant(e) vs Je suis pas étudiant(e)

프랑스어는 생략 가능한 요소들을 과감하게 생략해 버리는 특징이 있어요. 특히 일상생활에서 자주 사용되는 구어체에서는 이러한 특징이 훨씬 두드러진답니다. 그 중 여러분들도 쉽게 사용할 수 있는 유용한 정보를 한 가지 알려드릴게요. 바로 '부정문에서 **ne** 생략하기!' 우리가 배운 부정문 문장을 예로 들어 보겠습니다.

Je ne suis pas étudiant(e)

이 문장은 사실 실생활에서 '**Je suis pas étudiant(e)**'으로 훨씬 더 많이 쓰인답니다. 문법적인 측면을 고려하며 말하거나 작문할 때에는 당연히 **ne pas** 모두를 써 주어야 하지만, 대화를 할 때는 **ne**를 과감하게 버려도 괜찮다는 사실, 참고해 주세요!

France

문화 탐방 프랑스의 팍스 제도

결혼 문화

여러분은 프랑스의 시민연대계약(Pacte civile de solidarité [빡뜨 씨빌 드 쏠리다히떼]) 에 대해서 알고 계시나요? 짧게 줄여 PACS [빡스]라고도 불리는 이 제도는 두 성인이 결혼을 하지 않고도 나라에서 제공하는 혜택을 누릴 수 있도록 하는 시민 결합 제도입니다. 우리나라에는 없는 개념이라서 생소하다고 느끼는 분들이 많을 텐데요, 이번에는 이 제도에 대해서 알아보도록 해요.

팍스 제도의 시작은 1999년도로 거슬러 올라갑니다. 당시는 동성 간 결혼이 합법화되지 않았던 시절이었기 때문에 동성 커플들의 법적 권리를 보장해 주기 위한 방안으로 팍스 제도, 즉 시민연대계약이 만들어졌고, 오늘날은 동성·이성 커플을 막론하고 수많은 연인들이 팍스를 통해 사랑하는 사람과 가정을 꾸릴 수 있게 되었습니다. 결혼을 하지 않고는 다양한 사회적 보장을 받을 수 없었던 과거와 달리, 이제는 이 제도를 통해 결혼을 하지 않아도 결혼과 맞먹는 혜택을 제공받을 수 있게 된 것이죠.

프랑스의 시민연대계약은 단순한 제도를 넘어 프랑스의 상징적인 가족 문화 중 하나로 자리 잡았답니다. 실제로 팍스가 생겨난 이래로 계약을 맺는 커플들이 매년 지속적으로 늘고 있으며, 이혼 절차보다 해지 절차가 간단함에도 불구하고 이 계약을 해지하는 커플들은 현저히 적다고 해요. 이를 통해 팍스 제도에 대한 프랑스인들의 만족도가 상당히 높은 것을 알 수 있습니다.

이혼과 달리 팍스는 해지를 해도 기록이 남지 않으며, 두 사람 중 한 사람만 해지 신청을 해도 한 달 안에 해지가 가능하다고 합니다. 요즘은 결혼을 하는 연인들보다 시민연대계약을 하는 연인들이 느는 추세라서 'se marier [쓰 마히에] 결혼을 하다' 동사처럼 'se pacser [쓰 빡쎄] 시민연대계약을 하다'라는 동사가 사람들 사이에서 일상적으로 사용되고 있어요. 함께 외워 볼까요?

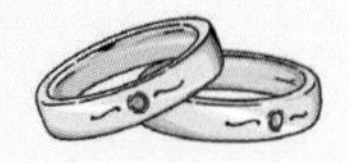

시민연대계약을 하다 se pacser [쓰 빡쎄]

Leçon 04

Nous sommes musicien(ne)s.

우리는 음악가입니다.

학습 목표
- ÊTRE 동사 복수 인칭 변형과 다양한 직업 명사 활용하여 직업 소개하기
- 명사를 주어의 성과 수에 맞추어 사용하기

학습 단어

au revoir [오 흐부아흐] 안녕히 계세요

지난 시간 떠올리기

▶ 지난 시간 학습했던 내용들을 떠올려 볼까요?

직업 명사 (단수)

프랑스어의 모든 명사는 남성, 여성으로 나뉜다는 것, 기억하고 계시죠? 오늘은 복수 인칭과 복수 명사를 사용해 직업을 소개하는 문장을 만들어 볼 텐데요. 그에 앞서 지난 시간 배웠던 명사의 기본 규칙을 다시 한번 짚고 넘어가겠습니다. 기본적으로 남성 명사에 e를 추가하여 여성 명사를 만들었고, en으로 끝나는 남성 명사의 경우에는 ne를 덧붙여 여성 명사를 만들었습니다. 이 규칙을 다시 떠올려 보면서 지난 시간에 배웠던 명사들을 읽고 넘어가 봅시다.

(남)학생	(여)학생
étudiant	étudiante
[에뛰디엉]	[에뛰디엉뜨]

(남)음악가	(여)음악가
musicien	musicienne
[뮈지씨앙]	[뮈지씨엔느]

오늘의 미션 학습이 끝나면 이 문장을 완벽하게 말할 수 있어요!

A: 너희는 (여)학생이니?

B: 아니, 우리는 음악가야.

✔ 숫자 **4 quatre** [꺄트흐]

ÉTAPE 02

오늘의 학습

▶ 오늘 배울 내용들을 살펴보고, 머릿속에 차곡차곡 담아 볼까요?

1 프랑스어 명사

남성 명사, 여성 명사의 구분

단수 명사의 뒤에 마법의 알파벳 s만 붙이면 복수 명사가 된다는 것 기억하고 있죠? 이때, 여성 명사의 복수 형태는 반드시 여성 명사의 뒤에 s를 추가해야 한다는 것도 잊으시면 안 돼요!

남성 명사 + e ▶ 여성 명사
명사 + s ▶ 복수 명사

2 직업 명사(복수)

1) 학생들

자, 이제 단수 명사 뒤에 s를 붙여 복수 명사를 만들어 보겠습니다. 여러분 중에는 남녀가 함께 섞여 있는 경우, 어떤 성을 따라야 할지 궁금해 하는 분들이 분명 있을 텐데요. 이때는 남성 명사의 복수 형태를 사용한답니다. 남성이 1명, 여성이 99명 있는 경우에도 마찬가지로 남성 명사 복수 형태를 사용해야 한다는 점, 기억해 주세요!

(남)학생들	(여)학생들
étudiants	étudiantes
[에뛰디엉]	[에뛰디엉뜨]

Tip 복수 명사에 s가 붙더라도 단어의 마지막 자음은 발음하지 않으므로 단수 명사와 발음이 동일합니다.

- 우리는 학생이다. → Nous sommes étudiants.
- 우리는 학생이다. → Nous sommes étudiantes.
- 너희는 학생이다. → Vous êtes étudiants.
- 너희는 학생이다. → Vous êtes étudiantes.

- 그들은 학생이다. → Ils sont étudiants.
- 그녀들은 학생이다. → Elles sont étudiantes.

2) 음악가들

(남)음악가들	(여)음악가들
musiciens	musiciennes
[뮈지씨앙]	[뮈지씨엔느]

Tip -en으로 끝나는 직업 명사는 ne를 붙여 주면 여성형이 됩니다.

- 우리는 음악가이다. → Nous sommes musiciens.
- 우리는 음악가이다. → Nous sommes musiciennes.
- 너희는 음악가이다. → Vous êtes musiciens.
- 너희는 음악가이다. → Vous êtes musiciennes.
- 그들은 음악가이다. → Ils sont musiciens.
- 그녀들은 음악가이다. → Elles sont musiciennes.

부정문

평서문을 만들어 보았으니 이번에는 부정문을 만들어 봅시다. 복수 인칭 부정문은 단수 인칭에 비해 길고, 발음도 더 어렵게 느껴질 수 있기 때문에 입에서 자동으로 나올 때까지 문장을 반복해 읽는 것을 추천합니다. 부정문에서도 마찬가지로 명사를 주어의 성과 수에 일치시켜야 한다는 것 잊지 마세요!

주어는	~이 아니다
Nous	ne sommes pas [느 쏨므 빠]
Vous	n'êtes pas [넷뜨 빠]
Ils	ne sont pas [느 쏭 빠]
Elles	

- 우리는 학생이 아니다. → Nous ne sommes pas étudiants.
- 너희는 학생이 아니다. → Vous n'êtes pas étudiantes.
- 그들은 학생이 아니다. → Ils ne sont pas étudiants.

- 우리는 음악가가 아니다. → Nous ne sommes pas musiciennes.
- 너희는 음악가가 아니다. → Vous n'êtes pas musiciens.
- 그녀들은 음악가가 아니다. → Elles ne sont pas musiciennes.

ÉTAPE 03

대화로 말해 보기

▶ 오늘 배운 문장들을 활용하여 대화를 나눠 봐요!

A | 너희는 학생이니? → Vous êtes étudiants ?

B | 응, 우리는 학생이야. → Oui, nous sommes étudiants.

너희는 학생이니? Vous êtes étudiantes ?

A | 아니, 우리는 학생이 아니야. → Non, nous ne sommes pas étudiantes.

우리는 음악가야. Nous sommes musiciennes.

미션 확인 오늘의 핵심 문장을 완벽하게 외워 봅시다.

A: 너희는 (여)학생이니? → Vous êtes étudiantes ?

B: 아니, 우리는 음악가야. → Non, nous sommes musiciennes.

ÉTAPE 

연습 문제

▶ 문제를 풀어 보면서 공부한 내용들을 완전히 내 것으로 만들어 봐요!

1 밑줄에 들어갈 알맞은 말을 써 보세요.

1. 우리는 학생이다. (여)　　Nous sommes ______________ .
2. 너희는 음악가가 아니다. (남)　　Vous n'êtes pas ______________ .
3. 그들은 학생이다.　　Ils sont ______________ .
4. 그녀들은 음악가니?　　Elles sont ______________ ?

2 밑줄에 들어갈 단어를 보기에서 고르세요.

보기	musiciens	sommes	pas	êtes

1. Vous ________ étudiants.
2. Ils sont ________ ?
3. Nous ________ musiciennes.
4. Elles ne sont ________ étudiantes.

3 주어진 낱말들로 문장을 만드세요.

1. 그녀들은 음악가이다. (musiciennes / elles / sont)

____

2. 우리는 학생이다. (여) (sommes / étudiantes / nous)

____

3. 너희는 음악가니? (남) (êtes / vous / musiciens)

____

4. 너희는 음악가가 아니다. (여) (n' / musiciennes / êtes / vous / pas)

____

해석을 참고하여 프랑스어로 작문해 보세요.

1. 너희는 학생이니? (남)

2. 응, 우리는 학생이야. (여)

3. 아니, 우리는 학생이 아니야. (남)

4. 우리는 음악가야. (남)

주어진 직업 명사를 활용하여 문장을 만들어 보세요.

technicien [떼끄니씨앙] n.m. 기술자 | technicienne [떼끄니씨엔느] n.f. 기술자

1. 우리는 기술자가 아니다. (남)
2. 너희는 기술자이다. (남)
3. 그녀들은 기술자이다.
4. 우리는 기술자가 아니다. (여)

정답

1 1. étudiantes 2. musiciens 3. étudiants 4. musiciennes

2 1. êtes 2. musiciens 3. sommes 4. pas

3 1. Elles sont musiciennes. 2. Nous sommes étudiantes. 3. Vous êtes musiciens ? 4. Vous n'êtes pas musiciennes.

4 1. Vous êtes étudiants ? 2. Oui, nous sommes étudiantes. 3. Non, nous ne sommes pas étudiants. 4. Nous sommes musiciens.

5 1. Nous ne sommes pas techniciens. 2. Vous êtes techniciens. 3. Elles sont techniciennes. 4. Nous ne sommes pas techniciennes.

표현 더하기

▶ 오늘 배운 내용과 관련된 다양한 표현을 익혀 봐요!

안녕히 계세요!
Au revoir ! [오 흐부아흐]

au revoir는 헤어질 때 하는 인사로, 가까운 지인은 물론이고 처음 만난 사람들에게도 사용하는 표현입니다. 쇼핑 후 가게를 나오면서 편하게 쓸 수 있는 인사말이기도 하니, 빵집에 들러 갓 구운 빵을 사 들고 나올 때 빵집 주인에게 au revoir라고 인사해 보세요!

클라라 선생님의 꿀팁

느낌표(!)와 물음표(?)

글을 쓰거나 문서를 작성할 때, 프랑스어에서는 느낌표와 물음표를 한 칸 띄고 사용한다는 것을 알고 계시나요? 아마 생소하다고 느끼는 분들이 대부분일 텐데요. 오늘 배운 문장을 다시 한번 살펴보면서 같이 짚어 보도록 해요.

- **Vous êtes étudiant(e)s ?**

의문문에서 물음표는 한 칸씩 띄어 쓰세요.

- **Oui, nous sommes étudiant(e)s !**

마찬가지로 마지막 단어 뒤 느낌표는 한 칸 띄어 써야 합니다.

한국어는 문장부호를 앞 단어와 붙여서 쓰기 때문에 프랑스어의 문장부호 표기가 낯설 수 있지만, '느낌표와 물음표 앞 한 칸 띄기'는 오류가 아니라는 점, 꼭 기억해 주세요!

France

문화 탐방 프랑스의 상징, 에펠탑

건축 문화

'프랑스' 하면 가장 먼저 떠오르는 에펠탑(La tour Eiffel[라 뚜흐 에펠]), 프랑스 상징인 에펠탑에 대해 여러분은 얼마나 알고 있나요?

지금은 파리를 방문하는 여행객들이 꼭 한번 들러 사진을 남기려는 관광 명소가 되었지만, 에펠탑이 처음부터 사람들에게 사랑을 받은 건 아니랍니다. 심지어 과거에는 '혐오스러운 쇳덩어리'로 불리기까지 했어요. 지금부터 에펠탑의 역사에 대해 알아볼까요?

에펠탑은 1889년 프랑스 대혁명 100주년을 기념하고, 당시 개최되었던 파리 만국박람회(Exposition Universelle[엑스뽀지씨옹 위니베흐쎌르])에서 프랑스의 국력을 뽐내기 위해 만들어진 건축물이었습니다. 그리고 그 명칭은 프랑스 디종 출신의 건축공학가이자 직접 설계를 맡았던 귀스타브 에펠(Gustave Eiffel, 1832-1923)의 이름에서 따온 것인데요. 역사적인 순간을 기념하는 좋은 의도로 탑이 세워졌지만 파리지앵들은 고풍스러운 느낌의 도시 한복판에 무게 약 10,000톤이 넘고 높이가 324m에 달하는 흉물스러운 탑이 전혀 어울리지 않는다며 반기지 않았습니다. 심지어 어떤 교수는 탑이 하중을 견디지 못하고 무너질 것이라고 예상하기도 했고, 파리의 상류층 사람들은 식사를 할 때 일부러 에펠탑이 보이지 않도록 자리를 잡고 음식을 먹었다는 일화도 있답니다.

하지만 20년만 유지한 후 철거하기로 예정되었던 에펠탑은 전파 송신탑으로 자리매김하면서 철거가 취소되었고, 점점 그 위상이 달라지게 되었답니다. 처음에는 환영받지 못했지만 시간이 흘러 만인에게 사랑받고 있는 에펠탑을 본떠 '에펠탑 효과(단순 노출 효과)'라는 용어 또한 생겨났을 정도인데요. 에펠탑이 세워진 지 어언 130년이 지난 지금, 여러분은 에펠탑에 대해 어떤 생각을 갖고 있나요?

Partie

03 나는 한국인입니다.

학습 목표 사람 묘사하기

Je suis Coréen(ne).

Leçon 05

Je suis Coréen(ne).

나는 한국인입니다.

학습 목표
- ÊTRE 동사와 국적 명사를 활용하여 국적 소개하기
- 여러 국적 명사를 학습하고 주어의 성과 수에 맞추어 문장 만들기

학습 단어

Coréen [꼬헤앙] n.m. (남)한국인 | **Coréenne** [꼬헤엔느] n.f. (여)한국인 | **Chinois** [쉬누아] n.m. (남)중국인 | **Chinoise** [쉬누아즈] n.f. (여)중국인 | **Français** [프헝쎄] n.m. (남)프랑스인 | **Française** [프헝쎄즈] n.f. (여)프랑스인 | **à bientôt** [아 비앙또] 또 만나요

ÉTAPE 

지난 시간 떠올리기

▶ 지난 시간 학습했던 내용들을 떠올려 볼까요?

직업 명사

지금까지 네 강의에 걸쳐 여러 가지 직업 명사들을 배워 보았습니다. 이제 남성 명사와 여성 명사, 단수 명사와 복수 명사를 구분하는 데 어느 정도 익숙해지셨을 텐데요. 아래 표를 보면서 지금까지 배웠던 여러 가지 직업 명사들을 단수부터 복수까지 총정리해 봅시다.

학생	
étudiant	étudiante
[에뛰디엉]	[에뛰디엉뜨]
étudiants	étudiantes
[에뛰디엉]	[에뛰디엉뜨]

음악가	
musicien	musicienne
[뮈지씨앙]	[뮈지씨엔느]
musiciens	musiciennes
[뮈지씨앙]	[뮈지씨엔느]

오늘의 미션 학습이 끝나면 이 문장을 완벽하게 말할 수 있어요!

A: 너는 중국인이니?

B: 아니, 나는 한국인이야.

숫자 **5 cinq** [쌍끄]

Tip 기본적으로 프랑스어 단어의 마지막 자음은 발음하지 않지만 c, f, l, q가 단어의 끝에 올 때에는 대부분 발음을 하기 때문에 cinq는 마지막 자음까지 발음해 줍니다.

ÉTAPE 

오늘의 학습

▶ 오늘 배울 내용들을 살펴보고, 머릿속에 차곡차곡 담아 볼까요?

국적 명사(단수)

자기소개 카테고리 중 기본 중의 기본은 바로 '국적 소개'입니다. 여러분이 프랑스를 방문하면 분명 출신 국가에 대한 질문을 받게 될 거예요. 그때 당황하지 않고 당당하게 여러분의 국적을 이야기할 수 있어야겠죠? 그래서 이번 강의에서는 국적 명사를 다루려고 합니다. 우리가 직업 명사에서 배운 명사의 기본 규칙이 국적 명사에도 동일하게 적용된답니다. 그럼 먼저 '한국인'부터 알아볼까요?

(남)한국인	(여)한국인
Coréen	Coréenne
[꼬헤앙]	[꼬헤엔느]

Tip 국적 명사의 첫 글자는 항상 대문자로 씁니다.

나는 한국인이다.	Je suis Coréen.
나는 한국인이다.	Je suis Coréenne.
너는 한국인이다.	Tu es Coréen.
너는 한국인이다.	Tu es Coréenne.
그는 한국인이다.	Il est Coréen.
그녀는 한국인이다.	Elle est Coréenne.

(남)중국인	(여)중국인
Chinois	Chinoise
[쉬누아]	[쉬누아즈]

 oi는 [우아]로 발음됩니다. 모음과 모음 사이에 s가 오면 [z]로 발음합니다.

나는 중국인이 아니다.	Je ne suis pas Chinois.
나는 중국인이 아니다.	Je ne suis pas Chinoise.
너는 중국인이 아니다.	Tu n'es pas Chinois.

- 너는 중국인이 아니다. → Tu n'es pas Chinoise.
- 그는 중국인이 아니다. → Il n'est pas Chinois.
- 그녀는 중국인이 아니다. → Elle n'est pas Chinoise.

(남)프랑스인 Français [프헝쎄]	(여)프랑스인 Française [프헝쎄즈]

- 너는 프랑스인이니? → Tu es Français ?
- 너는 프랑스인이니? → Tu es Française ?
- 그는 프랑스인이니? → Il est Français ?
- 그녀는 프랑스인이니? → Elle est Française ?

국적 명사(복수)

국적 명사 '한국인, 중국인, 프랑스인'을 활용하여 평서문과 부정문, 그리고 의문문까지 만들어 보았습니다. 이번에는 조금 더 나아가 국적 명사 복수 형태를 활용하여 문장을 만들어 봅시다.

(남)한국인들 Coréens [꼬헤앙]	(여)한국인들 Coréennes [꼬헤엔느]

- 우리는 한국인이다. → Nous sommes Coréens.
- 우리는 한국인이다. → Nous sommes Coréennes.
- 너희는 한국인이다. → Vous êtes Coréens.
- 너희는 한국인이다. → Vous êtes Coréennes.
- 그들은 한국인이다. → Ils sont Coréens.
- 그녀들은 한국인이다. → Elles sont Coréennes.

(남)중국인들	(여)중국인들
Chinois	Chinoises
[쉬누아]	[쉬누아즈]

Tip 남성 단수 형태가 s로 끝나기 때문에 복수 형태로 만들 때 추가적으로 s를 붙이지 않습니다.

- 우리는 중국인이 아니다. → Nous ne sommes pas Chinois.
- 우리는 중국인이 아니다. → Nous ne sommes pas Chinoises.
- 너희는 중국인이 아니다. → Vous n'êtes pas Chinois.
- 너희는 중국인이 아니다. → Vous n'êtes pas Chinoises.

(남)프랑스인들	(여)프랑스인들
Français	Françaises
[프헝쎄]	[프헝쎄즈]

- 너희는 프랑스인이니? → Vous êtes Français ?
- 너희는 프랑스인이니? → Vous êtes Françaises ?
- 그들은 프랑스인이니? → Ils sont Français ?
- 그녀들은 프랑스인이니? → Elles sont Françaises ?

ÉTAPE 03

대화로 말해 보기

▶ 오늘 배운 문장들을 활용하여 대화를 나눠 봐요!

A | 너는 (여)중국인이니? → Tu es Chinoise ?

B | 아니, 나는 (여)중국인이 아니야. → Non, je ne suis pas Chinoise.

나는 (여)한국인이야. Je suis Coréenne.

A | 너희는 (남)프랑스인이니? → Vous êtes Français ?

B | 아니, 우리는 (남)한국인이야. → Non, nous sommes Coréens.

미션 확인 오늘의 핵심 문장을 완벽하게 외워 봅시다.

A: 너는 중국인이니? → Tu es Chinois(e) ?

B: 아니, 나는 한국인이야. → Non, je suis Coréen(ne).

ÉTAPE 

연습 문제

▶ 문제를 풀어 보면서 공부한 내용들을 완전히 내 것으로 만들어 봐요!

1 밑줄에 들어갈 알맞은 말을 써 보세요.

1. 나는 한국인이다. (여) — Je suis ______________ .
2. 나는 중국인이 아니다. (남) — Je ne suis pas ______________ .
3. 그는 프랑스인이니? — Il est ______________ ?
4. 그녀들은 한국인이다. — Elles sont ______________ .

2 밑줄에 들어갈 단어를 보기에서 고르세요.

보기	Coréens	Françaises	Coréen	Chinoise

1. Vous êtes ______________ .
2. Il est ______________ ?
3. Elles sont ______________ .
4. Elle n'est pas ______________ .

3 주어진 낱말들로 문장을 만드세요.

1. 그는 중국인이다. (il / Chinois / est)

____

2. 나는 한국인이다. (여) (suis / je / Coréenne)

____

3. 너희는 프랑스인이니? (남) (êtes / vous / Français)

____

4. 그들은 프랑스인이 아니다. (ne / pas / ils / sont / Français)

____

해석을 참고하여 프랑스어로 작문해 보세요.

1. 너는 중국인이니? (남)

2. 아니, 나는 중국인이 아니야. 나는 한국인이야. (여)

3. 너희는 프랑스인이니? (남)

4. 아니, 우리는 한국인이야. (여)

주어진 국적 명사를 활용하여 문장을 만들어 보세요.

Américain [아메히꺙] n.m. (남)미국인 | Américaine [아메히껜느] n.f. (여)미국인

1. 나는 미국인이다. (남)
2. 너는 미국인이 아니다. (여)
3. 그녀들은 미국인이다.
4. 그들은 미국인이다.

정답

1 1. Coréenne 2. Chinois 3. Français 4. Coréennes

2 1. Coréens 2. Coréen 3. Françaises 4. Chinoise

3 1. Il est Chinois. 2. Je suis Coréenne. 3. Vous êtes Français ? 4. Ils ne sont pas Français.

4 1. Tu es Chinois ? 2. Non, je ne suis pas Chinoise. Je suis Coréenne. 3. Vous êtes Français ? 4. Non, nous sommes Coréennes.

5 1. Je suis Américain. 2. Tu n'es pas Américaine. 3. Elles sont Américaines. 4. Ils sont Américains.

표현 더하기

▶ 오늘 배운 내용과 관련된 다양한 표현을 익혀 봐요!

또 만나요!
À bientôt ! [아 비앙또]

au revoir가 헤어질 때 쓰는 가장 기본적인 표현이라면, à bientôt는 다음 만남을 기약하며 헤어질 때 쓰는 인사 표현입니다. 비슷한 것 같으면서도 차이가 있죠? 꼭 다시 만나고 싶은 사람에게는 헤어질 때 à bientôt라고 인사해 보는 건 어떨까요?

클라라 선생님의 꿀팁

en 발음 팁을 알려드릴게요!

en은 기본적으로 [엉]이라는 발음이 난다고 알려드렸습니다. 하지만 예외적으로 [앙] 발음이 나는 경우도 있는데요. 바로 **en** 앞에 모음 **i, y, é**가 붙는 경우랍니다. 우리가 배운 단어들로 한번 살펴볼까요?

- **ien ▶ musicien** [뮈지씨앙] n.m. 음악가
- **éen ▶ Coréen** [꼬헤앙] n.m. 한국인
- **yen ▶ moyen** [무아이앙] n.m. 방법

France

문화 탐방 프랑스에서 식사를 할 땐?

식사 문화

세계 3대 미식의 나라로 손꼽히는 프랑스는 그 타이틀에 걸맞는 디테일한 식사 스타일이 있답니다. 우리나라의 식사 스타일과 비교하면서 함께 알아볼까요?

아침 식사는 petit-déjeuner [쁘띠 데죄네]라고 하는데요. 프랑스인들은 보통 아침 식사로 커피나 핫초코 같은 따듯한 음료 또는 시원한 과일주스에 버터와 잼을 듬뿍 바른 바게트 빵이나 크루아상, 브리오슈 같은 비에누아즈리(viennoiserie [비에누아즈히])를 곁들여 먹습니다. 전통적인 프랑스의 점심 식사(déjeuner [데죄네])와 저녁 식사(dîner [디네])는 일곱 가지 정도의 코스로 이루어진 완전한 식사(repas complet [흐빠 꽁쁠레])로 구성되는데요. 그 순서는 에피타이저, 전채 요리, 메인 요리, 샐러드, 치즈, 디저트 그리고 커피와 같습니다. 중간에 코스가 빠지면서 간소화되는 경우도 있지만 순서는 변하지 않는 답니다. 바쁜 일상에 종종 샌드위치나 샐러드 같은 간편식을 즐기기도 하지만, 가족들이 함께 모여 식사하는 자리나 제대로 된 식사를 하는 자리에서는 늘 순서에 맞추어 음식을 먹습니다.

식당에서의 예절도 간단하게 한번 살펴볼까요? 식당 입구에 들어서면 종업원이 인원을 물을 텐데요. 종업원에게 인원을 얘기한 후 안내받은 자리에 착석하면 되는데, 종업원과의 대화 없이 스스로 들어가 앉는 것은 예절에 어긋나는 행위랍니다. 그리고 식당에서는 빵과 물이 무료로 제공되는데, 별다른 이야기가 없다면 종업원이 병에 담긴 수돗물 한 병(carafe d'eau [꺄하프 도])을 줄 거예요. 무료로 제공되는 물은 수돗물인 경우가 많으니, 민감하신 분들은 메뉴판에 적힌 판매용 물을 구입하는 것을 추천합니다.

식사를 마친 후 마지막으로 계산을 할 때에는 실례합니다(excusez-moi [엑스뀌제 무아]), 영수증 주세요(l'addition s'il vous plaît [라디씨옹 씰부 쁠레])라고 말하면 됩니다. 어렵지 않죠? 프랑스 식당에서 꼭 이 표현들을 사용해 보세요!

영수증 주세요. **L'addition s'il vous plaît.**
라디씨옹 씰 부 쁠레

Leçon 06

Je suis petit(e).

나는 키가 작습니다.

학습 | 목표

- ÊTRE 동사와 여러 가지 형용사를 활용하여 인물 묘사하기
- 형용사를 주어의 성과 수에 맞게 사용하기
- 형용사를 활용한 다양한 문장 만들기

학습 | 단어

petit(e) [쁘띠(뜨)] adj. 키가 작은 | **grand(e)** [그헝(드)] adj. 키가 큰 | **beau(belle)** [보]([벨]) adj. 잘생긴, 아름다운 | **mais** [메] conj. 하지만 | **bonne journée** [본느 쥬흐네] 좋은 하루 되세요

ÉTAPE 01 지난 시간 떠올리기

▶ 지난 시간 학습했던 내용들을 떠올려 볼까요?

1 국적 명사

지난 시간에는 여러 국적 명사를 배우고 국적을 묻고 답해 보는 시간도 가졌습니다. 이제 누군가가 여러 분에게 '어느 나라 분인가요?'라고 묻는다면, 당황하지 않고 '나는 한국인이에요'라고 대답할 수 있겠죠? 본격적으로 6강을 시작하기 전에 머릿속에 국적 명사를 완벽하게 새겨 넣는다는 마음으로 다시 한번 훑어봅시다.

한국인	
Coréen [꼬헤앙]	Coréenne [꼬헤엔느]
Coréens [꼬헤앙]	Coréennes [꼬헤엔느]

중국인	
Chinois [쉬누아]	Chinoise [쉬누아즈]
Chinois [쉬누아]	Chinoises [쉬누아즈]

프랑스인	
Français [프헝쎄]	Française [프헝쎄즈]
Français [프헝쎄]	Françaises [프헝쎄즈]

오늘의 미션 학습이 끝나면 이 문장을 완벽하게 말할 수 있어요!

A: 너는 키가 크니?

B: 아니, 나는 키가 작아.

✔ 숫자 **6 six** [씨스]

Tip six의 x는 [s]로 발음합니다. [씩스](x) [씨스](o)

오늘의 학습

▶ 오늘 배울 내용들을 살펴보고, 머릿속에 차곡차곡 담아 볼까요?

프랑스어 형용사

남성 형용사와 여성 형용사로 구분

남성 형용사 + e ▶ 여성 형용사

지금까지는 명사를 중점적으로 다뤄 봤는데요. 오늘은 형용사에 포커스를 두고 자세하게 알아보는 시간을 가져 봅시다. 형용사는 주어나 명사를 꾸며 주는 아주 중요한 문법 요소입니다. 특히 인물이나 사물의 생김새나 성격, 특징을 묘사하는 데 유용하게 사용되는데요. 프랑스어의 모든 형용사는 명사와 마찬가지로 남성 형용사와 여성 형용사로 구분되어 있으며, 그 규칙도 명사와 동일하답니다. 오늘은 우리가 일상생활에서 유용하게 쓸 수 있는 형용사 세 가지를 알려드릴게요. 모두 준비되셨죠?

1) 키가 작은(단수)

(남)키가 작은	(여)키가 작은
petit	petite
[쁘띠]	[쁘띠뜨]

Tip p와 t는 된소리로 발음합니다. petit는 '키가 작은'이라는 뜻도 있지만 '크기가 작은' 또는 '나이가 어린'이라는 뜻도 있으니 참고해 주세요.

- 나는 키가 작다. → Je suis petit.
- 나는 키가 작다. → Je suis petite.
- 너는 키가 작다. → Tu es petit.
- 너는 키가 작다. → Tu es petite.
- 그는 키가 작다. → Il est petit.
- 그녀는 키가 작다. → Elle est petite.

2) 키가 큰(단수)

(남)키가 큰	(여)키가 큰
grand	grande
[그헝]	[그헝드]

Tip grand은 '키가 큰'이라는 뜻도 있지만 '크기가 큰, 넓은' 또는 '대량의, 다수의'라는 뜻도 있습니다.

- 나는 키가 크다. → Je suis grand.
- 나는 키가 크다. → Je suis grande.
- 너는 키가 크다. → Tu es grand.
- 너는 키가 크다. → Tu es grande.
- 그는 키가 크다. → Il est grand.
- 그녀는 키가 크다. → Elle est grande.

3) 키가 작은, 키가 큰(복수)

형용사 단수 형태를 복수 형태로 만들려면 무엇을 추가하면 될까요? 그렇죠! 단수 명사를 복수 명사로 만들 때 썼던 s를 사용하면 됩니다. 방금 배운 두 가지 형용사에 s를 붙여서 복수 형태를 만들어 볼까요?

(남)키가 작은	(여)키가 작은
petits	petites
[쁘띠]	[쁘띠뜨]

(남)키가 큰	(여)키가 큰
grands	grandes
[그헝]	[그헝드]

- 우리는 키가 작다. → Nous sommes petits.
- 우리는 키가 작다. → Nous sommes petites.
- 너희는 키가 작다. → Vous êtes petits.

- 너희는 키가 작다. → Vous êtes petites.
- 그들은 키가 크다. → Ils sont grands.
- 그녀들은 키가 크다. → Elles sont grandes.

4) 잘생긴, 아름다운(단수)

(남)잘생긴	(여)아름다운
beau	belle
[보]	[벨]

Tip beau의 여성형은 예외적으로 belle입니다.

- 너는 잘생겼다. → Tu es beau.
- 너는 아름답다. → Tu es belle.
- 그는 잘생겼다. → Il est beau.
- 그녀는 아름답다. → Elle est belle.

5) 잘생긴, 아름다운(복수)

(남)잘생긴	(여)아름다운
beaux	belles
[보]	[벨]

Tip 형용사 beau는 남성 복수형을 만들 때 예외적으로 s가 아닌 x를 붙여 줍니다.

- 너희는 잘생겼다. → Vous êtes beaux.
- 너희는 아름답다. → Vous êtes belles.
- 그들은 잘생겼다. → Ils sont beaux.
- 그녀들은 아름답다. → Elles sont belles.

ÉTAPE 03 대화로 말해 보기

▶ 오늘 배운 문장들을 활용하여 대화를 나눠 봐요!

A | Jean, 그는 키가 크니? ➡ Jean, il est grand ?

B | 아니, 그는 키가 크지 않아. ➡ Non, il n'est pas grand.

하지만 그는 잘 생겼어. Mais[메], il est beau.

그녀들은 키가 작니? Elles sont petites ?

A | 응, 그녀들은 키가 작아. ➡ Oui, elles sont petites.

그리고 그녀들은 아름다워. Et elles sont belles.

미션 확인 오늘의 핵심 문장을 완벽하게 외워 봅시다.

A: 너는 키가 크니? ➡ Tu es grand(e) ?

B: 아니, 나는 키가 작아. ➡ Non, je suis petit(e).

ÉTAPE 04

연습 문제

▶ 문제를 풀어 보면서 공부한 내용들을 완전히 내 것으로 만들어 봐요!

1 밑줄에 들어갈 알맞은 형용사를 써 보세요.

1. 나는 키가 작다. (남) Je suis ________________.
2. 나는 키가 크다. (여) Je suis ________________.
3. 그녀는 아름답다. Elle est ________________.
4. 우리는 키가 크지 않다. (남) Nous ne sommes pas ________.

2 밑줄에 들어갈 단어를 보기에서 고르세요.

보기 beaux grande petit petites

1. Ils sont ________________.
2. Elles sont ________________?
3. Elle n'est pas ________________.
4. Il est ________________.

3 주어진 낱말들로 문장을 만드세요.

1. 우리는 키가 작다. (남) (petits / sommes / nous)

____

2. 너희는 키가 크지 않다. (여) (pas / grandes / êtes / n' / vous)

____

3. 너는 잘 생겼다. (남) (tu / beau / es)

____

4. 그녀들은 아름답니? (sont / elles / belles)

____

해석을 참고하여 프랑스어로 작문해 보세요.

1. 그는 키가 크니?

2. 아니, 그는 키가 크지 않아.

3. 하지만 그는 잘생겼어.

4. 그리고 그녀들은 아름다워.

5 주어진 형용사를 활용하여 문장을 만들어 보세요.

intelligent [앙뗄리졍] adj. (남)똑똑한 | intelligente [앙뗄리졍뜨] adj. (여)똑똑한

1. 너는 똑똑하다. (남)
2. 그녀들은 똑똑하다. (여)
3. 나는 똑똑하지 않다. (남)
4. 그들은 똑똑하니?

정답

1 1. petit 2. grande 3. belle 4. grands

2 1. beaux 2. petites 3. grande 4. petit

3 1. Nous sommes petits. 2. Vous n'êtes pas grandes. 3. Tu es beau. 4. Elles sont belles ?

4 1. Il est grand ? 2. Non, il n'est pas grand. 3. Mais il est beau. 4. Et elles sont belles.

5 1. Tu es intelligent. 2. Elles sont intelligentes. 3. Je ne suis pas intelligent. 4. Ils sont intelligents ?

표현 더하기

▶ 오늘 배운 내용과 관련된 다양한 표현을 익혀 봐요!

좋은 하루 되세요!
Bonne journée ! [본느 쥬흐네]

bonne journée는 해가 떠 있는 아침부터 오후 시간 동안 사용하는 인사말로, 영어의 have a good day와 동일한 표현입니다. 헤어질 때 하는 인사말인 au revoir 기억하고 계시죠? 다음 번에는 누군가와 헤어질 때 au revoir 뒤에 bonne journée까지 붙여서 인사해 보세요!

클라라 선생님의 꿀팁

r 발음, 어렵지 않아요!

알파벳 **r** [에흐]는 소위 '가래 끓는 소리'라고 하죠? 한국어에는 없는 발음이라 어렵게 느끼시는 분들이 많을 거예요. 이 발음은 목 안 깊숙한 곳을 긁는 소리를 내는 것이 특징입니다. 마치 가글을 하는 느낌으로 목 안쪽을 긁어 주면 되는데요. **r** 다음에 자음이 오는 경우, 빨리 읽으면 한국어의 'ㄱ 받침'과 같은 발음이 난답니다. 프랑스어를 잘 모르시는 분들도 한 번씩은 들어 보았을 **merci** [메흐씨]를 예로 들어 볼게요. 이 단어를 빨리 읽으면 [멕씨]로 발음이 돼요. 여러분도 앞으로 **r** 뒤에 자음이 오는 단어를 발견한다면, 천천히 읽으면서 **r** 발음도 제대로 느껴 보고, 빨리 읽으면서 'ㄱ 받침' 발음도 연습해 보세요.

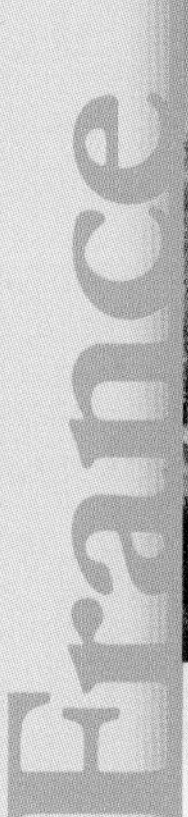

문화탐방 화려한 성들의 집합소, 루아르 지방

건축 문화

여러분이 만약 프랑스 추천 여행지를 물으신다면 저는 가장 먼저 발 드 루아르(Val de Loire [발 드 루아흐]) 지방을 추천할 거예요. 이 곳은 결코 흔치 않은, 아름다운 경관을 자랑하는 고성 지대이기 때문이죠. 파리에서 TGV를 타고 약 1시간 정도 이동하면 도착하는 루아르강 일대에는 긴 역사를 자랑하는 멋스러운 고성들이 모여 장관을 이루고 있답니다. 그럼 지금부터 꼭 둘러봐야 할 성 세 곳을 소개해 드릴게요.

먼저 어마어마한 규모를 자랑하는 샹보르성(Château de Chambord)입니다. 이곳은 16세기 프랑수아 1세 때 왕권을 과시하기 위해 착공한 성으로, 그만큼 건축적인 측면에서 큰 위상을 자랑하고 있습니다. 특히 레오나르도 다빈치가 설계에 참여했을 것이라 추측되는 이중 구조의 나선형 계단은, 겉으로 보기에는 하나의 계단으로 보이지만 사실은 만나지 않는 두 계단으로 오르내리는 사람들이 절대 서로 만날 수 없습니다. 그래서 '마법의 계단'이라고도 불린답니다.

두 번째로 강 위에 홀로 떠 있는 듯한 신비로운 느낌을 풍기는 쉬농소 성(Château de Chenonceau)을 소개합니다. 쉬농소 성은 16세기 앙리 2세가 애첩에게 사랑의 증표로 선물했던 성으로, 오랫동안 성주가 여성이었기 때문에 '여인들의 성'이라는 별칭을 갖고 있습니다. 가슴이 탁 트일 정도로 넓고 아름다운 정원 또한 쉬농소 성의 큰 특징이자 볼거리랍니다.

마지막으로 추천할 곳은 클로 뤼세 성(Château de Clos-Lucé)입니다. 레오나르도 다빈치가 세상을 떠나기 전 3년 동안 머물었던 곳으로 유명하죠. 성의 곳곳에는 그의 작품과 발명품이 전시되어 있습니다. 만약 동화 속에 나올 법한 아름다운 성을 좋아한다면, 발 드 루아르 지방에 꼭 방문해 보세요.
프랑스 건축 문화의 정수를 보실 수 있을 거예요!

Leçon 07

Révision

복습

학습 목표

- 1강~6강까지 배운 내용들을 토대로 탄탄하게 기초 다지기
- 여러 명사들을 활용하여 문장 만들기

학습 단어

qui [끼] 누구 | **avocat** [아보꺄] n.m. (남)변호사 | **avocate** [아보꺗뜨] n.f. (여)변호사 | **comédien** [꼬메디앙] n.m. (남)배우 | **comédiennne** [꼬메디엔느] n.f. (여)배우 | **Japonais** [쟈뽀네] n.m. (남)일본인 | **Japonaise** [쟈뽀네즈] n.f. (여)일본인

지난 시간 떠올리기

▶ 지난 시간 학습했던 내용들을 떠올려 볼까요?

오늘의 미션 학습이 끝나면 이 문장을 완벽하게 말할 수 있어요!

A: 누구야?

B: 이 사람은 Paul이야.

숫자 **7 sept** [쎄뜨]

Tip sept의 p는 묵음 처리합니다. [쎕뜨](x) [쎄뜨](o)

복습1

~이다 être

1강부터 6강까지 우리가 열심히 학습해 온 것들을 총정리해 봅시다. 한 번 배웠더라도 뒤돌아서면 가물가물한 것이 바로 언어죠. 기초를 탄탄히 다져 놓아야 앞으로 더 긴 문장을 만들 때 쉽게 응용할 수 있답니다. 지금까지 우리는 '주어 인칭대명사+être 동사' 뒤에 여러 명사들을 붙여서 '(주어)는 (이름/직업/국적)이다'라는 문장을 만들어 보았습니다. 형용사를 활용하여 '(주어)는 (형용사)하다'라는 표현도 학습했습니다. 함께 큰 소리로 읽으면서 기억을 되살려 볼까요?

주어	être	이름	(주어)는 (이름/직업/국적)이다
		직업	
		국적	
		형용사	(주어)는 (형용사)하다

1) 동사 변형

주어는	~이다
Je	suis [쒸]
Tu	es [에]
Il	est [에]
Elle	
Nous	sommes [쏨므]
Vous	êtes [엣뜨]
Ils	sont [쏭]
Elles	

2) 부정문

<table>
<tr><th>주어는</th><th>~이 아니다</th></tr>
<tr><td>Je</td><td>ne suis pas [느 쒸 빠]</td></tr>
<tr><td>Tu</td><td>n'es pas [네 빠]</td></tr>
<tr><td>Il</td><td rowspan="2">n'est pas [네 빠]</td></tr>
<tr><td>Elle</td></tr>
<tr><td>Nous</td><td>ne sommes pas [느 쏨므 빠]</td></tr>
<tr><td>Vous</td><td>n'êtes pas [넷뜨 빠]</td></tr>
<tr><td>Ils</td><td rowspan="2">ne sont pas [느 쏭 빠]</td></tr>
<tr><td>Elles</td></tr>
</table>

Tip ne sommes pas를 빨리 읽으면 [느 쏨 빠]로 발음됩니다.

직업 명사

치과 의사	치과 의사들
dentiste	dentistes

피아니스트	피아니스트들
pianiste	pianistes

Tip 명사의 여성형과 남성형의 형태가 동일한 경우에는 주어의 성에 상관없이 동일한 형태로 사용합니다.

<table>
<tr><th colspan="2">학생</th></tr>
<tr><td>étudiant</td><td>étudiante</td></tr>
<tr><td>étudiants</td><td>étudiantes</td></tr>
</table>

<table>
<tr><th colspan="2">음악가</th></tr>
<tr><td>musicien</td><td>musicienne</td></tr>
<tr><td>musiciens</td><td>musiciennes</td></tr>
</table>

3 국적 명사

한국인	
Coréen	Coréenne
Coréens	Coréennes

중국인	
Chinois	Chinoise
Chinois	Chinoises

프랑스인	
Français	Française
Français	Françaises

형용사

키가 작은	
petit	petite
petits	petites

키가 큰	
grand	grande
grands	grandes

잘생긴, 아름다운	
beau	belle
beaux	belles

5 묻고 소개하기

친구와 함께 어릴 적 졸업 사진을 보다가 낯선 얼굴을 발견했을 때, '이 사람은 누구니?' 하고 물어본 적 있으신가요? 또는 혼자 있는 곳에서 갑자기 인기척이 느껴졌을 때, 화들짝 놀라며 '누구세요?'라고 말해 본 적 있으신가요? 영어의 'who is it?'에 해당하는 프랑스어 표현, 지금부터 같이 살펴봅시다.

(이 사람은) 누구니? / 누구세요?	C'est qui ? [쎄 끼]
(이 사람은) ~이다	C'est ~ [쎄]

Tip '이 사람은 ~입니다'라고 이야기할 때에는 C'est 뒤에 이름을 넣어 줍니다.

누구야?	→ C'est qui ?
이 사람은 Paul이야.	→ C'est Paul.
이 사람은 Mina야.	→ C'est Mina.

인물 소개하기

이제 여러분은 특정 인물에 대해 물어보고 인물의 이름부터 직업까지 자세히 묘사할 수 있는 방법을 알게 되었습니다. 배운 문장들을 바로 활용해 봐야겠죠? 우리가 배운 모든 내용들을 총동원해서 Paul과 Mina를 소개해 볼까요? 그들의 이름, 국적, 직업, 그리고 외모까지 세세하게 이야기해 봅시다.

1) Paul

프랑스인 / 치과 의사 / 키가 크고 잘생김

누구야?	→ C'est qui ?
이 사람은 Paul이야.	→ C'est Paul.
그는 프랑스인이야.	→ Il est Français.
그는 치과 의사야.	→ Il est dentiste.
그는 키가 크고 그는 잘생겼어.	→ Il est grand et il est beau.

2) Mina

한국인 / 음악가 / 키가 작고 아름다움	
✔ 누구야?	➡ C'est qui ?
✔ 이 사람은 Mina야.	➡ C'est Mina.
✔ 그녀는 한국인이야.	➡ Elle est Coréenne.
✔ 그녀는 음악가야.	➡ Elle est musicienne.
✔ 그녀는 키가 작고 그녀는 아름다워.	➡ Elle est petite et elle est belle.

복습2

복습 시간이지만 배운 것들만 반복하고 끝난다면 조금 아쉽겠죠? 아쉬워하실 여러분을 위해 직업 명사와 국적 명사를 몇 가지 더 알려드리겠습니다. 명사의 기본 규칙을 떠올리면서 함께 익혀 봅시다.

직업 명사(단수)

변호사	
avocat [아보꺄]	avocate [아보꺄뜨]

Tip ca의 경우 모음 a는 'ㅏ'보다 'ㅑ'에 가까운 발음입니다. [까](x) [꺄](o)

✔ 나는 변호사이다.	➡ Je suis avocat.
✔ 나는 변호사이다.	➡ Je suis avocate.

배우	
comédien [꼬메디앙]	comédienne [꼬메디엔느]

Tip comédien은 주로 연극배우를 지칭하며, 영화배우는 acteur [악뙤흐] / actrice [악트히쓰]라고 합니다.

- 너는 배우니? → Tu es comédien ?
- 너는 배우니? → Tu es comédienne ?

2 국적 명사(단수)

일본인	
Japonais [쟈뽀네]	Japonaise [쟈뽀네즈]

- 그는 일본인이다. → Il est Japonais.
- 그녀는 일본인이다. → Elle est Japonaise.

ÉTAPE 03

대화로 말해 보기

▶ 오늘 배운 문장들을 활용하여 대화를 나눠 봐요!

A	이 사람은 누구야?	➡ C'est qui ?
B	이 사람은 Paul이야.	➡ C'est Paul.
	그는 변호사야.	Il est avocat.
A	이 사람은 누구야?	➡ C'est qui ?
B	이 사람은 Miki야.	➡ C'est Miki.
	그녀는 일본인이야.	Elle est Japonaise.
	그리고 그녀는 배우야.	Et elle est comédienne.

미션 확인 오늘의 핵심 문장을 완벽하게 외워 봅시다.

A: 누구야?	➡ C'est qui ?
B: 이 사람은 Paul이야.	➡ C'est Paul.

ÉTAPE 

연습 문제

▶ 문제를 풀어 보면서 공부한 내용들을 완전히 내 것으로 만들어 봐요!

1 밑줄에 들어갈 알맞은 말을 써 보세요.

1. 나는 일본인이다. (남) Je suis ______________ .
2. 너희는 배우니? (여) Vous êtes ______________ ?
3. 우리는 변호사가 아니다. (남) Nous ne sommes pas ______________ .
4. 그녀들은 변호사이다. Elles sont ______________ .

2 밑줄에 들어갈 단어를 보기에서 고르세요.

보기	avocates	comédienne	comédiens	Japonais

1. Elles sont ______________ .
2. Il est ______________ ?
3. Ils sont ______________ .
4. Elle est ______________ .

3 주어진 낱말들로 문장을 만드세요.

1. 너는 변호사가 아니다. (남) (es / n' / tu / pas / avocat)

____

2. 그녀는 변호사다. (avocate / elle / est)

____

3. 우리는 배우다. (남) (comédiens / nous / sommes)

____

4. 너희는 일본인이니? (남) (êtes / Japonais / vous)

____

해석을 참고하여 프랑스어로 작문해 보세요.

1. 이 사람은 누구야?

2. 이 사람은 미나야.

3. 그녀는 한국인이야.

4. 그리고 그녀는 배우야.

주어진 국적 명사를 활용하여 문장을 만들어 보세요.

Anglais [엉글레] n.m. (남)영국인 | Anglaise [엉글레즈] n.f. (여)영국인

1. 나는 영국인이다. (남)
2. 우리는 영국인이 아니다. (여)
3. 그들은 영국인이 아니다.
4. 너는 영국인이다. (여)

정답

1 1. Japonais 2. comédiennes 3. avocats 4. avocates
2 1. avocates 2. Japonais 3. comédiens 4. comédienne
3 1. Tu n'es pas avocat. 2. Elle est avocate. 3. Nous sommes comédiens. 4. Vous êtes Japonais ?
4 1. C'est qui ? 2. C'est Mina. 3. Elle est Coréenne. 4. Et elle est comédienne.
5 1. Je suis Anglais. 2. Nous ne sommes pas Anglaises. 3. Ils ne sont pas Anglais. 4. Tu es Anglaise.

ÉTAPE 05

십자말풀이

▶ les mots croisés

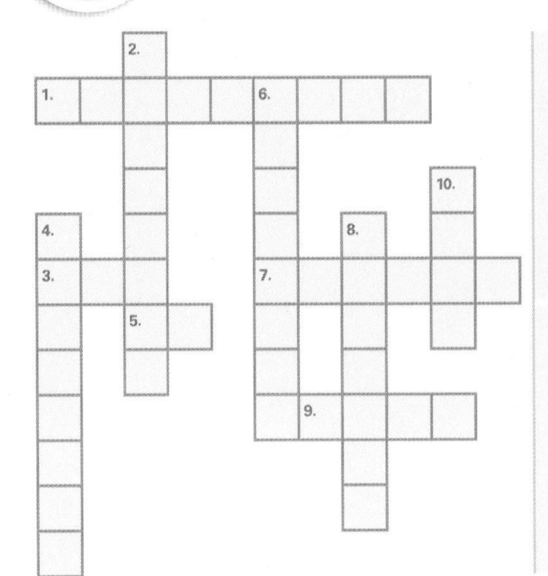

가로풀이

1. '여학생'을 뜻하는 명사
3. '응, 맞아' 등 긍정을 나타내는 대답
5. 주어가 TU일 때 ÊTRE 동사 변형
7. '(남)변호사'를 뜻하는 직업 명사
9. '우리'를 뜻하는 주어 인칭대명사

세로풀이

2. '(남)음악가'를 뜻하는 직업 명사
4. '(여)한국인'을 뜻하는 국적 명사
6. '(여)영국인'을 뜻하는 국적 명사
8. 저녁에 만났을 때 하는 인사
10. '잘생긴'을 의미하는 남성형 형용사

가로 정답 ① ÉTUDIANTE ③ OUI ⑤ ES ⑦ AVOCAT ⑨ NOUS
세로 정답 ② MUSICIEN ④ CORÉENNE ⑥ ANGLAISE ⑧ BONSOIR ⑩ BEAU

클라라 선생님의 꿀팁

'qu' 발음을 살펴봅시다!

많은 분들이 **qu**를 [퀴]로 발음하는 경우를 종종 보았는데요. **u** 발음은 [위]가 맞지만, **q** 뒤에 **u**가 나올 때에는 **qu** 자체를 'ㄲ'으로 발음해야 합니다. **qu**를 말할 때 [위] 발음이 나지 않도록 유의해 주세요!

- **que** [끄]: **boutique** [부띠끄] 상점
- **qui** [끼]: **quiconque** [끼꽁끄] 누구나

France

문화 탐방 7월 14일은 프랑스 혁명 기념일!

축제 문화

매년 7월 14일은 1년 중 가장 큰 축제가 열리는 프랑스의 국경일입니다. 1789년 프랑스 혁명의 시발점이 된 '바스티유 습격'을 기념하는 프랑스 혁명 기념일이죠. 이 날이 다가오면 프랑스 국민들은 너나 할 것 없이 축제를 즐길 준비에 분주하답니다. 특히 7월 14일 당일, 프랑스의 수도인 파리에서는 아침부터 저녁까지 큰 규모의 이색 행사와 퍼레이드가 줄지어 진행되는데요. 어떤 다양한 행사들을 볼 수 있는지 지금부터 살펴볼까요?

아침 10시쯤, 샹젤리제 거리(Avenue des Champs-Élysées)에서는 축제의 시작을 알리는 전통 군대 제식 퍼레이드가 펼쳐집니다. 하늘에서 공군 비행기들이 펼쳐 보이는 멋진 에어쇼도 볼 수 있어요. 일 년에 한 번뿐인 이 행사에는 셀 수 없이 많은 사람들이 모이기 때문에 좀 더 좋은 자리에서 퍼레이드를 구경하고 싶다면 아침 일찍 서둘러야 합니다. 퍼레이드는 보고 싶지만 엄청난 인파 때문에 걱정되시나요? 걱정 마세요! 텔레비전으로 생중계되기 때문에 집에서도 얼마든지 퍼레이드를 즐길 수 있답니다. 혁명 기념일 전날인 13일과 당일인 14일에는 파리와 파리 인근 소방서에서 새벽까지 클럽 분위기의 댄스 파티가 열리는데요. 밤 늦게까지 축제 분위기를 즐기고 싶은 분들은 주변 소방서를 찾아가 댄스 파티를 즐겨 보시기를 추천합니다.

마지막으로 '혁명 기념일의 꽃'으로 불리는 에펠탑 불꽃 축제도 소개해 드릴게요. 저녁 8시쯤부터 에펠탑 아래에서는 프랑스 국립 오케스트라와 합창단이 선보이는 클래식 콘서트가 불꽃 축제 시작 전까지 이어집니다. 밤 11시부터는 눈부실 정도로 아름다운 에펠탑 불꽃 축제를 30분 동안 즐길 수 있어요. 결코 긴 시간은 아니지만 에펠탑을 환하게 비추는 불꽃을 바라보면서 평생 간직할만한 추억을 만들 수 있을 거예요.

프랑스로의 여행을 계획하고 있다면, 프랑스 최대 규모 축제를 즐기러 7월 초에 떠나시는 건 어떨까요?

Partie 04

이것은 검은색 펜입니다.

학습 목표 '이것은 ~이다' 말하기

Leçon 08	이것은 펜입니다.
Leçon 09	이것들은 책입니다.
Leçon 10	이것은 검은색 펜입니다.

Leçon 08

C'est un stylo.

이것은 펜입니다.

학습 목표

- 지시대명사 CE, 부정관사 단수형 학습하기
- 지시대명사 CE와 ÊTRE 동사를 활용하여 '이것은 ~이다' 말하기
- 여러 가지 사물 명사를 활용하여 사물 소개하는 문장 말하기

학습 단어

stylo [스띨로] n.m. 펜 | **table** [따블르] n.f. 탁자 | **livre** [리브흐] n.m. 책 | **fleur** [플뢰흐] n.f. 꽃 | **quoi** [꾸아] 무엇 | **bonne soirée** [본느 수아헤] 좋은 저녁 되세요

ÉTAPE 

지난 시간 떠올리기

▶ 지난 시간 학습했던 내용들을 떠올려 볼까요?

직업 명사

지난 복습 시간에는 우리가 함께 공부한 전체 내용을 토대로 인물을 소개해 보는 시간을 가졌습니다. 또 '변호사, 배우'에 해당하는 직업 명사와 '일본인'에 해당하는 국적 명사도 추가로 학습했는데요. 모두 잘 기억하고 계시죠? 오늘은 새로운 강의를 시작하기 전에 지난 시간에 다뤘던 명사들을 한번 더 떠올려 봅시다.

변호사	
avocat	avocate
[아보꺄]	[아보꺄뜨]

배우	
comédien	comédienne
[꼬메디앙]	[꼬메디엔느]

2 국적 명사

일본인	
Japonais	Japonaise
[쟈뽀네]	[쟈뽀네즈]

오늘의 미션 학습이 끝나면 이 문장을 완벽하게 말할 수 있어요!

A: 이것은 무엇이니?

B: 이것은 펜이야.

✔ 숫자 **8 huit** [위뜨]

Tip 프랑스어의 h는 발음되지 않습니다.

ÉTAPE 

오늘의 학습

▶ 오늘 배울 내용들을 살펴보고, 머릿속에 차곡차곡 담아 볼까요?

이것은 ~이다

c'est 뒤에 이름을 붙이면 '이 사람은 ~이다'라는 문장을 만들 수 있었죠? 마찬가지로 c'est 뒤에 사물 명사를 붙이면 '이것은 ~이다'라는 표현도 만들 수 있습니다. c'est는 '이, 그, 저것'이라는 뜻의 지시대명사 ce와 être 동사의 3인칭 단수 형태 est가 만나 모음이 축약된 형태인데요. 뒤에 사람 이름이 붙으면 '이 사람은 ~이다', 사물 명사가 붙으면 '이것은 ~이다'라는 다양한 뜻을 갖는 표현입니다. 잘 익혀 두면 실생활에 매우 유용하게 쓸 수 있어요. 영어의 this is와 동일한 이 표현을 함께 공부해 봅시다!

Ce + est ▶ C'est (쓰 에 쎄)　　　**ce: 이, 그, 저것**

관사

'이것은 ~이다'라는 문장을 만들기 위해서는 프랑스어 문법에서 매우 중요한 비중을 차지하는 '관사'를 필수적으로 익혀야 합니다. 프랑스어의 모든 명사는 관사와 떼려야 뗄 수 없는 짝꿍이기 때문이죠. 그럼 지금까지 배웠던 문장들에서는 왜 관사를 사용하지 않았냐고요? 관사를 사용하지 않는 예외적인 문장들을 먼저 배웠기 때문이에요. 명사가 여성형과 남성형으로 나뉘어 있는 것처럼 관사도 마찬가지라서 반드시 명사의 성과 수에 맞추어 사용해야 합니다. 명사는 관사 앞에 들어간다는 사실도 기억해 주세요.

관사의 특징

- 항상 명사와 짝을 이뤄 사용
- 기본 규칙: 명사 앞에 위치, 명사의 성과 수에 적합한 형태 사용

1) 부정관사(단수): (정해지지 않은) 어떤, 하나의

남성 단수	여성 단수
un [앙]	une [윈느]

2) 부정관사 + 명사

펜	탁자
un stylo [앙 스띨로]	une table [윈느 따블르]

- 이것은 펜이다. → C'est un stylo.
- 이것은 탁자이다. → C'est une table.
- 이것은 펜이니? → C'est un stylo ?
- 이것은 탁자니? → C'est une table ?

Tip c'est 다음에 오는 부정관사는 연음합니다. c'est‿un [쎄 땅] c'est‿une [쎄 뛴느]

책	꽃
un livre [앙 리브흐]	une fleur [윈느 플뢰흐]

- 이것은 책이다. → C'est un livre.
- 이것은 꽃이다. → C'est une fleur.
- 이것은 책이니? → C'est un livre ?
- 이것은 꽃이니? → C'est une fleur ?

부정문: 이것은 ~이 아니다

부정문 만드는 방법, 다들 기억하고 계시죠? 동사의 앞뒤로 ne pas를 붙여서 부정문을 만들어 봅시다.

Ce + ne + est + pas ▶ Ce n'est pas
쓰 느 에 빠 쓰 네 빠

ne와 est는 모음 충돌하여 n'est로 축약됩니다.

이것은 펜이 아니다.	→ Ce n'est pas un stylo.
이것은 탁자가 아니다.	→ Ce n'est pas une table.
이것은 책이 아니다.	→ Ce n'est pas un livre.
이것은 꽃이 아니다.	→ Ce n'est pas une fleur.

이것은 무엇이니? → C'est quoi ?
쎄 꾸아

Tip quoi는 '무엇'을 뜻하는 의문사입니다. 영어의 what에 해당합니다.

ÉTAPE 03

대화로 말해 보기

▶ 오늘 배운 문장들을 활용하여 대화를 나눠 봐요!

A | 이것은 무엇이니? → C'est quoi ?

B | 이것은 펜이야. → C'est un stylo.
이것은 무엇이니? C'est quoi ?

A | 이것은 꽃이야. → C'est une fleur.

B | 이것은 책이니? → C'est un livre ?

A | 아니, 이것은 책이 아니야. → Non, ce n'est pas un livre.
이것은 탁자야. C'est une table.

미션 확인 오늘의 핵심 문장을 완벽하게 외워 봅시다.

A: 이것은 무엇이니? → C'est quoi ?
B: 이것은 펜이야. → C'est un stylo.

ÉTAPE 

연습 문제

▶ 문제를 풀어 보면서 공부한 내용들을 완전히 내 것으로 만들어 봐요!

1 밑줄에 들어갈 알맞은 부정관사를 써 보세요.

1. 펜 ______________ stylo
2. 탁자 ______________ table
3. 책 ______________ livre
4. 꽃 ______________ fleur

2 다음 중 알맞은 단어를 골라 체크해 보세요.

1. C'est une (table / stylo).
2. C'est un (livre / fleur).
3. Ce n'est pas un (stylo / fleur).
4. Ce n'est pas une (livre / table).

3 주어진 낱말들로 문장을 만드세요.

1. 이것은 펜이 아니다 (pas / stylo / ce / est / n' / un)

____

2. 이것은 무엇이니? (quoi / est / c')

____

3. 이것은 꽃이야. (c' / une / fleur / est)

____

4. 이것은 탁자가 아니다. (ce / une / n' / pas / est / table)

____

주어진 문장들을 프랑스어로 번역해 보세요.

1. 이것은 무엇이니?

2. 이것은 펜이야.

3. 이것은 꽃이 아니야.

4. 이것은 책이야.

주어진 명사를 활용하여 문장을 만들어 보세요.

cahier [꺄이에] n.m. 공책 | gomme [곰므] n.f. 지우개

1. 이것은 공책이다.
2. 이것은 공책이 아니다.
3. 이것은 지우개이다.
4. 이것은 지우개가 아니다.

정답

1 1. un 2. une 3. un 4. une

2 1. table 2. livre 3. stylo 4. table

3 1. Ce n'est pas un stylo. 2. C'est quoi ? 3. C'est une fleur. 4. Ce n'est pas une table.

4 1. C'est quoi ? 2. C'est un stylo. 3. Ce n'est pas une fleur. 4. C'est un livre.

5 1. C'est un cahier. 2. Ce n'est pas un cahier. 3. C'est une gomme. 4. Ce n'est pas une gomme.

표현 더하기

▶ 오늘 배운 내용과 관련된 다양한 표현을 익혀 봐요!

좋은 저녁 되세요!
Bonne soirée ! [본느 수아헤]

bonne soirée는 해가 지고 난 저녁부터 사용하는 인사 표현으로, 영어의 good evening에 해당합니다. bonne journée와 마찬가지로 헤어질 때 사용하는데요. 오후와 저녁의 차이가 모호한 경우에는 가끔 저녁에도 bonne journée라고 인사할 때도 있답니다. bonne [본느]라고 발음하지만, 빠르게 읽으면 [본]에 가까운 발음이 난다는 것도 기억해 주세요!

클라라 선생님의 꿀팁

모나미 볼펜을 아시나요?

이번 강의에서는 유난히 필기도구 관련 어휘가 많이 나왔어요. 그래서 그런지 우리나라 국민 볼펜 브랜드 '모나미'가 문득 떠오릅니다. 여러분은 '모나미'가 사실 프랑스어로 '나의 친구 **mon ami** [모나미]'라는 뜻이라는 걸 알고 계셨나요? 우리 일상생활에 친근하게 자리 잡은 모나미 볼펜, 앞으로 우연히 모나미 볼펜을 발견한다면 '나의 친구'라는 뜻을 떠올려 보세요.

France

문화 탐방 사랑스러운 프랑스어 애칭들

호칭 문화

한국에서는 사랑하는 연인을 부를 때 '자기, 내 사랑'과 같은 애칭을 사용하곤 하죠? 세상에서 가장 낭만적인 나라 중 한 곳인 프랑스에도 매우 다양한 애칭들이 존재한답니다. 프랑스에서 가장 많이 쓰이는 애칭 TOP5를 남녀 각각 구분 지어 조사한 결과, '내 사랑, 내 심장, 내 귀염둥이'와 같은 단어들을 자주 발견할 수 있었는데요. 실제로 남성에게 쓰는 애칭으로는 '5위 mon amour [모나무흐] 내 사랑, 4위 doudou [두두] 애착 인형, 3위 chouchou [슈슈] 귀염둥이, 2위 mon cœur [몽 꾀흐] 내 심장, 1위 mon chéri [몽 셰히] 내 자기' 등이 있었고, 여성을 부를 때 쓰는 애칭으로는 '5위 loulou [루루] 소녀, 4위 ma puce [마 쀠스] 내 벼룩, 3위 bébé [베베] 아기, 2위 mon petit cœur [몽 쁘띠 꾀흐] 내 작은 심장, 1위 ma chérie [마 셰히] 내 자기' 등이 있었습니다.

이 밖에도 매우 다양한 애칭들이 있는데 특히 동물을 대상으로 만든 애칭은 프랑스어의 특징이라고 할 수 있어요. 무당벌레나 벼룩 같은 곤충도 그 대상이 되곤 하는데요. 예를 들어 남성에게는 'mon poulet [몽 뿔레] 나의 닭, mon canard [몽 꺄나흐] 나의 오리, mon loup [몽 루] 나의 늑대' 등의 애칭을, 여성에게는 'ma bichette [마 비셋뜨] 나의 암사슴, ma cocotte [마 꼬꼿뜨] 나의 암탉, ma poulette [마 뿔렛뜨] 나의 암평아리' 등의 애칭을 사용합니다.

이러한 애칭은 연인을 비롯하여 가족이나 어린아이에게도 자주 사용된답니다. 프랑스에서 '고마워'만큼이나 자주 듣게 될 단어들이니, 누군가가 나를 mon poulet 또는 ma cocotte라고 부른다면 '나보고 닭이라고?, 나보고 암탉이라고?'라며 서운해 하지 마시고 '애칭으로 부르는구나' 하며 이해해 주세요.

Leçon 09

Ce sont des livres.

이것들은 책입니다.

학습 목표

- 부정관사 복수형 학습하기
- 지시대명사 CE와 ÊTRE 동사 복수 인칭 변형을 활용하여 '이것들은 ~이다' 말하기
- 여러 가지 사물 명사를 활용하여 사물을 소개하는 문장 만들기

학습 단어

merci [메흐씨] 고마워

지난 시간 떠올리기

▶ 지난 시간 학습했던 내용들을 떠올려 볼까요?

지난 강의에서는 '이, 그, 저것'을 뜻하는 지시대명사 ce와 être 동사 3인칭 단수 변형을 활용해 '이것은 펜이다, 이것은 꽃이다'등의 표현을 만들어 보았습니다. 오늘은 명사 복수형을 활용하여 '이것들은 ~이다'라는 표현을 해 볼 텐데요. 본격적인 강의 시작에 앞서 워밍업을 해야겠죠? 지난 시간 배웠던 내용들을 다시 한번 복습해 봅시다!

1 이것은 ~이다

Ce [쓰] **+ est** [에] ▶ **C'est** [쎄]   **ce:** 이, 그, 저것

2 부정문: 이것은 ~이 아니다

Ce [쓰] **+ ne** [느] **+ est** [에] **+ pas** [빠] ▶ **Ce n'est pas** [쓰 네 빠]

3 부정관사(단수) + 명사

펜	탁자
un stylo [앙 스띨로]	une table [윈느 따블르]

책	꽃
un livre [앙 리브흐]	une fleur [윈느 플뢰흐]

오늘의 미션 학습이 끝나면 이 문장을 완벽하게 말할 수 있어요!

A: 이것은 무엇이니?

B: 이것들은 책이야.

✔ 숫자 **9 neuf** [뇌프]

Tip eu는 입 모양을 '오'로 만든 상태에서 '에' 발음을 하면 됩니다.

ÉTAPE 

오늘의 학습

▶ 오늘 배울 내용들을 살펴보고, 머릿속에 차곡차곡 담아 볼까요?

이것들은 ~이다

지금부터 본격적으로 복수 명사를 활용하여 사물을 소개해 봅시다. 복수 명사를 사용해야 하므로 동사도 당연히 être 동사 3인칭 복수를 사용해야겠죠? 영어의 these are 또는 those are에 해당하는 표현, 지금 바로 배워 봅시다!

Ce + sont ▶ Ce sont
쓰 쏭 쓰 쏭

관사

프랑스어의 모든 명사는 관사와 뗄 수 없는 특별한 사이라고 말씀드렸습니다. 관사는 반드시 명사의 성과 수에 맞추어 사용해야 하는데요. 오늘은 복수 명사에 맞는 부정관사 복수형을 학습해 보도록 하겠습니다.

관사의 특징
- 항상 명사와 짝을 이룸
- 기본 규칙: 명사 앞에 위치, 명사의 성과 수에 적합한 형태 사용

1) 부정관사(복수): (정해지지 않은) 몇몇의

남성 명사, 여성 명사의 부정관사 복수 형태는 des로 동일합니다. des 한 가지만 외우면 되니 아주 간편하죠?

남성 복수	여성 복수
des [데]	

2) 부정관사 + 명사

펜들	탁자들
des stylos [데 스띨로]	des tables [데 따블르]

Tip 복수를 나타낼 때에는 부정관사도 복수 형태, 명사도 복수 형태로 통일시켜야 합니다.

- 이것들은 펜이다. → Ce sont des stylos.
- 이것들은 탁자이다. → Ce sont des tables.
- 이것들은 펜이니? → Ce sont des stylos ?
- 이것들은 탁자니? → Ce sont des tables ?

책들	꽃들
des livres [데 리브흐]	des fleurs [데 플뢰흐]

- 이것들은 책이다. → Ce sont des livres.
- 이것들은 꽃이다. → Ce sont des fleurs.
- 이것들은 책이니? → Ce sont des livres ?
- 이것들은 꽃이니? → Ce sont des fleurs ?

3 부정문: 이것들은 ~이 아니다

'Ce sont... (이것들은 ~이다)'에서 동사 sont의 앞뒤로 ne pas를 붙여 주면 간단하게 부정문이 완성됩니다.

Ce + ne + sont + pas ▶ Ce ne sont pas
쓰 느 쏭 빠 쓰 느 쏭 빠

이것들은 펜이 아니다.	→ Ce ne sont pas des stylos.
이것들은 탁자가 아니다.	→ Ce ne sont pas des tables.
이것들은 책이 아니다.	→ Ce ne sont pas des livres.
이것들은 꽃이 아니다.	→ Ce ne sont pas des fleurs.
이것은 무엇이니?	→ C'est quoi ? (쎄 꾸아)

Tip 복수의 사물에 대해 물을 때도 C'est quoi ?를 사용합니다.

ÉTAPE 03 대화로 말해 보기

▶ 오늘 배운 문장들을 활용하여 대화를 나눠 봐요!

A | 이것은 무엇이니? ➡ C'est quoi ?

B | 이것들은 꽃이야. ➡ Ce sont des fleurs.

이것들은 탁자니? Ce sont des tables ?

A | 아니, 이것들은 탁자가 아니야. ➡ Non, ce ne sont pas des tables.

이것들은 책이야. Ce sont des livres.

미션 확인 오늘의 핵심 문장을 완벽하게 외워 봅시다.

A: 이것은 무엇이니? ➡ C'est quoi ?

B: 이것들은 책이야. ➡ Ce sont des livres.

ÉTAPE 

연습 문제

▶ 문제를 풀어 보면서 공부한 내용들을 완전히 내 것으로 만들어 봐요!

1 제시된 단어를 부정관사와 함께 써 보세요.

1. 펜들 ____________________
2. 탁자들 ____________________
3. 책들 ____________________
4. 꽃들 ____________________

2 다음 중 알맞은 문장을 골라 체크해 보세요.

1. 이것들은 펜이 아니다.
   (a. Ce n’est pas un stylo. / b. Ce ne sont pas des stylos.)
2. 이것은 꽃이다.
   (a. Ce sont des fleurs. / b. C’est une fleur.)
3. 이것들은 테이블이니?
   (a. Ce sont des tables ? / b. C’est une table ?)

3 주어진 낱말들로 문장을 만드세요.

1. 이것들은 펜이다. (stylos / ce / sont / des)

   ____
2. 이것은 무엇이니? (quoi / est / c’)

   ____
3. 이것들은 탁자가 아니다. (des / ne / tables / sont / ce / pas)

   ____
4. 이것들은 책이다. (ce / des / livres / sont)

   ____

해석을 참고하여 프랑스어로 작문해 보세요.

1. 이것은 무엇이니?

2. 이것들은 탁자야.

3. 이것들은 꽃이니?

4. 아니, 이것들은 꽃이 아니야.

주어진 명사를 활용하여 문장을 만들어 보세요.

bonbon [봉봉] n.m. 사탕 | pomme [뽐므] n.f. 사과

1. 이것들은 사탕이다.
2. 이것들은 사탕이 아니다.
3. 이것들은 사과이다.
4. 이것들은 사과가 아니다.

정답

1 1. des stylos 2. des tables 3. des livres 4. des fleurs

2 1. b 2. b 3. a

3 1. Ce sont des stylos. 2. C'est quoi ? 3. Ce ne sont pas des tables. 4. Ce sont des livres.

4 1. C'est quoi ? 2. Ce sont des tables. 3. Ce sont des fleurs ? 4. Non, ce ne sont pas des fleurs.

5 1. Ce sont des bonbons. 2. Ce ne sont pas des bonbons. 3. Ce sont des pommes. 4. Ce ne sont pas des pommes.

표현 더하기

▶ 오늘 배운 내용과 관련된 다양한 표현을 익혀 봐요!

고마워 !
Merci ! [메흐씨]

많은 분들이 프랑스어 감사 표현에 대해 이야기를 하면 '멸치볶음'을 떠올립니다. 여기에서 '멸치'가 사실은 프랑스어로 '고마워'라는 뜻의 merci인데요. merci는 프랑스에 가면 bonjour 다음으로 가장 많이 듣게 될 표현이니 꼭 기억해 두세요! merci [메흐씨]라고 발음하지만, 빠르게 읽으면 [멕씨]에 가깝게 발음된다는 것도 머릿속에 쏙쏙 넣어 주세요!

클라라 선생님의 꿀팁

원어민처럼 발음해요!

불어에는 '닫힌 O'와 '열린 O' 발음이 존재합니다. '닫힌 O'는 우리가 알던 대로 '오' 하고 입술을 오므린 상태에서 똑같이 [오] 발음을 내 주시면 돼요. 하지만 '열린 O'의 경우에는 입술은 똑같이 '오' 하고 오므리지만 [오]와 [어]의 중간 발음을 내 주셔야 합니다. 같은 'O'라고 해도 똑같은 발음이 아니기 때문이죠. 우리가 오늘 배운 사과 **Pomme** [뽐므]라는 단어도 '열린 O' 발음이기 때문에 [뽐므]와 [뻠므]의 중간 발음을 해 주시면 더 정확하게, 원어민처럼 발음할 수 있습니다. 발음 기호 안에 **[o]** 표시가 있다면 '닫힌 O' 발음을, **[ɔ]** 표시가 있다면 '열린 O' 발음을 해 주세요! 같이 연습해 볼까요?

France

문화 탐방 파리의 상징적 기념물, 개선문

건축 문화

파리의 샤를 드 골 광장(Place Charles de Gaulle)에 위치한 개선문을 아시나요? 샹젤리제 거리를 걷다 보면 우뚝 솟은 아치형 구조의 건축물이 눈을 사로잡는데요. 그 건축물이 바로 파리를 방문하는 여행객들의 사진에 꼭 한 번씩 등장하는 개선문입니다. 개선문은 프랑스 역사를 대표하는 상징적인 건축물로 그 위상을 떨치고 있는데요. 프랑스어로는 Arc de Triomphe [아흐끄 드 트히옹프]라고 한답니다.

개선문의 외관을 둘러보면 고대 로마 시대의 건축물이 언뜻 떠오르는데요. 이는 고대 로마 제국 시대에 세워진 티투스 개선문에서 영감을 받아 건축되었기 때문입니다. 19세기 당시 프랑스의 황제였던 나폴레옹 1세가 군대의 승리를 기념하고 병사들의 사기 증진을 위한 목적으로 개선문 건축을 명한 것이죠. 개선문의 바로 아래 바닥에는 1차 세계대전 때 목숨을 잃은 한 무명 용사의 묘가 안장되어 있습니다. 그리고 1923년 11월에는 국가를 위해 목숨을 바친 병사들을 기리는 추모의 불꽃이 처음으로 점화되었는데요. 그 후로 단 한 번도 꺼지지 않았다고 해요.

개선문은 파리 최고의 뷰 포인트로도 잘 알려져 있습니다. 개선문 전망대로 올라가면 개선문을 중심으로 무려 10개 이상의 도로가 서로 만나는 방사형 도로망을 볼 수 있어요. 주변에 높은 건물이 많지 않아 탁 트인 도시 전경을 한눈에 담을 수도 있으니 참고해 주세요.

Arc de Triomphe에 방문하고자 하는 분들은 지하철을 타고 Charles de Gaulle-Étoile 역에 하차해 걸어가면 됩니다. 보통 오전 10시부터 출입이 가능하지만, 운영 시간이 요일별로 상이하니 시간을 꼭 체크한 후 방문하시기를 추천합니다!

Leçon 10

C'est un stylo noir.

이것은 검은색 펜입니다.

학습 목표

- 색 형용사의 남성형과 여성형 학습하기
- 색 형용사를 활용하여 사물의 색 표현하기

학습 단어

noir(e) [누아흐] adj. 검은색의 | **bleu(e)** [블뢰] adj. 파란색의 | **rouge** [후쥬] adj. 빨간색의 | **ciao** [챠오] (헤어질 때) 안녕, 잘 가

ÉTAPE 01

지난 시간 떠올리기

▶ 지난 시간 학습했던 내용들을 떠올려 볼까요?

지난 강의에서는 지시대명사 ce와 être 동사 3인칭 복수형을 활용하여 '이것들은 책이다, 이것들은 꽃이다'와 같은 다양한 표현을 만들어 보았습니다. 색 형용사를 배우기에 앞서 지난 시간에 배웠던 표현들을 다시 한번 떠올려 볼까요?

1 이것들은 ~이다

Ce + sont ▶ Ce sont
쓰 쏭 쓰 쏭

2 부정문: 이것들은 ~이 아니다

Ce + ne + sont + pas ▶ Ce ne sont pas
쓰 느 쏭 빠 쓰 느 쏭 빠

3 부정관사(복수) + 명사

펜들	탁자들
des stylos [데 스띨로]	des tables [데 따블르]

책들	꽃들
des livres [데 리브흐]	des fleurs [데 플뢰흐]

오늘의 미션 학습이 끝나면 이 문장을 완벽하게 말할 수 있어요!

A: 이것은 무엇이니?

B: 이것은 검은색 펜이야.

✔ 숫자 **10 dix** [디쓰]

Tip dix의 x는 s 발음을 해 줍니다. [딕스] x [디쓰] o

오늘의 학습

▶ 오늘 배울 내용들을 살펴보고, 머릿속에 차곡차곡 담아 볼까요?

형용사

오늘은 형용사 중에서도 '검은색의, 파란색의, 빨간색의'에 해당하는 색 형용사들을 배워 볼 텐데요. 그 전에 아주 기초적인 형용사 기본 규칙들을 짚어 보도록 하겠습니다. 명사와 마찬가지로 형용사는 남성 형용사, 여성 형용사로 구분되며, 기본적으로 남성 형용사 뒤에 e를 붙이면 여성 형용사가 됩니다. 그 중에서도 가장 중요한 핵심 포인트는 바로, 색 형용사는 명사 뒤에 위치한다는 점이에요. 꼭 기억해 주세요!

형용사의 특징
- 남성 형용사와 여성 형용사 구분
- 기본 규칙: 남성 형용사 **+ e** ▶ 여성 형용사
- 색 형용사는 명사 뒤에 위치

색 형용사

1) 검은색의

noir [누아흐]	noire [누아흐]

Tip 여성형 형용사에 e가 추가적으로 붙었지만 발음은 남성형과 여성형이 동일합니다.

❶ 명사 + 색 형용사

펜	검은색 펜
un stylo [앙 스띨로]	un stylo noir [앙 스띨로 누아흐]

Tip '검은색 펜'은 프랑스어로 '펜+검은색의' 순서로 표현합니다.

탁자	검은색 탁자
une table [윈느 따블르]	une table noire [윈느 따블르 누아흐]

Tip 형용사는 수식하는 명사의 성과 수에 반드시 일치시켜야 합니다.

- 이것은 검은색 펜이다. → C'est un stylo noir.
- 이것은 검은색 탁자이다. → C'est une table noire.

2) 파란색의

bleu [블뢰]	bleue [블뢰]

Tip eu 발음은 '오' 입 모양을 한 상태에서 '에' 소리를 내 줍니다.

❶ 명사 + 색 형용사

파란색 펜	파란색 탁자
un stylo bleu [앙 스띨로 블뢰]	une table bleue [윈느 따블르 블뢰]

- 이것은 파란색 펜이니? → C'est un stylo bleu ?
- 이것은 파란색 탁자니? → C'est une table bleue ?

3) 빨간색의

rouge [후쥬]	rouge [후쥬]

Tip 남성 형용사가 e로 끝나는 경우, 여성 형용사를 만들 때 추가적으로 e를 붙이지 않습니다.

명사 + 색 형용사

빨간색 펜	빨간색 탁자
un stylo rouge [앙 스띨로 후쥬]	une table rouge [윈느 따블르 후쥬]

- 이것은 빨간색 펜이 아니다. → Ce n'est pas un stylo rouge.
- 이것은 빨간색 탁자가 아니다. → Ce n'est pas une table rouge.

- 이것은 무엇이니? → Qu'est-ce que c'est ?
  (께 스 끄 쎄)

Tip C'est quoi ?는 구어에서 주로 쓰이고, Qu'est-ce que c'est ?는 구어와 문어에서 두루 사용됩니다.

ÉTAPE 03 대화로 말해 보기

▶ 오늘 배운 문장들을 활용하여 대화를 나눠 봐요!

A | 이것은 무엇이니? → Qu'est-ce que c'est ?

B | 이것은 검은색 펜이야. → C'est un stylo noir.

이것은 빨간색 탁자니? C'est une table rouge ?

A | 아니, 이것은 빨간색 탁자가 아니야. → Non, ce n'est pas une table rouge.

이것은 파란색 탁자야. C'est une table bleue.

미션 확인

오늘의 핵심 문장을 완벽하게 외워 봅시다.

A: 이것은 무엇이니? → Qu'est-ce que c'est ?

B: 이것은 검은색 펜이야 → C'est un stylo noir.

ÉTAPE 

연습 문제

▶ 문제를 풀어 보면서 공부한 내용들을 완전히 내 것으로 만들어 봐요!

1 밑줄에 들어갈 알맞은 형용사를 써 보세요.

1. 검은색 펜 — un stylo ______
2. 파란색 탁자 — une table ______
3. 빨간색 탁자 — une table ______
4. 파란색 펜 — un stylo ______

2 다음 중 알맞은 문장을 골라 체크해 보세요.

1. 이것은 검은색 펜이다.
(a. C'est un stylo noir. / b. C'est un stylo bleu.)

2. 이것은 빨간색 탁자이다.
(a. C'est une table noire. / b. C'est une table rouge.)

3. 이것은 파란색 펜이다.
(a. C'est un stylo rouge. / b. C'est un stylo bleu.)

3 주어진 낱말들로 문장을 만드세요.

1. 이것은 무엇이니? (c'est / qu'est-ce / que)

______

2. 이것은 파란색 탁자니? (une / bleue / c'est / table)

______

3. 이것은 빨간색 펜이 아니다. (pas / ce / stylo / rouge / n'est / un)

______

4. 이것은 검은색 탁자이다. (noire / table / c'est / une)

______

해석을 참고하여 프랑스어로 작문해 보세요.

1. 이것은 무엇이니?

2. 이것은 검은색 탁자야.

3. 이것은 파란색 펜이니?

4. 아니, 이것은 빨간색 펜이야.

주어진 형용사를 활용하여 문장을 만들어 보세요

vert(e) [베흐(뜨)] adj. 초록색의 | orange [오헝쥬] adj. 주황색의

1. 이것은 초록색 펜이다.
2. 이것은 초록색 탁자가 아니다.
3. 이것은 주황색 탁자이다.
4. 이것은 주황색 펜이 아니다.

정답

1 1. noir 2. bleue 3. rouge 4. bleu

2 1. a 2. b 3. b

3 1. Qu'est-ce que c'est ? 2. C'est une table bleue ? 3. Ce n'est pas un stylo rouge. 4. C'est une table noire.

4 1. Qu'est-ce que c'est ? 2. C'est une table noire. 3. C'est un stylo bleu ? 4. Non, c'est un stylo rouge.

5 1. C'est un stylo vert. 2. Ce n'est pas une table verte. 3. C'est une table orange. 4. Ce n'est pas un stylo orange.

표현 더하기

▶ 오늘 배운 내용과 관련된 다양한 표현을 익혀 봐요!

잘 가!
Ciao ! [챠오]

ciao는 친밀한 사이에서 헤어질 때 사용하는 인사말입니다. 실제로, 친한 친구들끼리는 au revoir 보다 ciao를 훨씬 더 많이 사용하는데요. 그렇기 때문에 처음 만났거나 아직 어색한 사이에서 쓰기에는 다소 적절하지 않답니다. 이탈리아어로 '안녕'을 뜻하는 ciao는 프랑스에서 차용해 쓰는 표현이기 때문에 이탈리아식 발음과 철자를 그대로 사용한다는 것도 알아 두세요!

클라라 선생님의 꿀팁

루주도 프랑스어랍니다!

여러분, 어린 시절 어머니께서 사용하시던 루주를 기억하시나요? 그 루주가 사실은 우리가 오늘 강의에서 배운 '빨간색의'라는 뜻의 **rouge**에서 나온 단어랍니다. **rouge**는 '빨간색의'라는 뜻의 형용사이기도 하지만 '립스틱'이라는 뜻의 남성 명사이기도 한데요. 프랑스를 방문해 본 분들이라면 한 번쯤 들렀을 만한 물랑루즈 **Moulin rouge**의 **rouge**도 바로 '빨간색의'라는 뜻의 형용사입니다. 그래서 한국말로는 '빨간 풍차'라는 의미를 지녀요. 처음 배울 때에는 낯설었지만, 이렇게 생활 속에 녹아 있는 예를 들어 보니 훨씬 친근한 형용사인 **rouge**, 절대 잊을 수 없겠죠?

France

문화 탐방 파리의 3대 백화점

쇼핑 문화

쇼핑의 성지로 유명한 파리 시내 곳곳에는 크고 작은 편집 숍, 명품 숍, 백화점들이 즐비합니다. 생각 없이 길을 지나다가도 쇼윈도 너머로 보이는 각양각색의 패션 소품들을 마주치면 그냥 지나가기란 쉽지 않은 일이죠. 이번 시간에는 쇼핑을 즐기는 사람들이라면 꼭 알아야 하는 파리 3대 백화점을 소개해 드리겠습니다.

먼저 파리에서 가장 큰 규모의 백화점으로 알려진 갤러리 라파예트(Galeries Lafayette)를 소개합니다. 19세기 말 처음 문을 연 갤러리 라파예트는 본관, 남성관, 식품관의 총 세 건물로 나뉘어 있습니다. 그 중에서도 본관은 높은 돔 구조의 천장과 화려한 내부로 유명한데요. 호화스러운 분위기에 걸맞게 약 2,000개 이상의 전 세계 럭셔리 브랜드가 입점해 있으니 여유롭게 시간을 두고 둘러보세요.

갤러리 라파예트 백화점 바로 옆에 위치한 쁘렝땅(Printemps)은 1860년대에 처음 오픈된 백화점입니다. 건물 정면을 장식하는 사계 조각과 화려한 유리 천장이 프랑스 역사 유물로 지정되어 있는 것이 특징인데요. 백화점 테라스에서는 파리의 멋진 전경을 구경할 수 있답니다. 쇼핑을 마치고 나오기 전에 테라스에서 멋진 시내 뷰도 즐겨 보세요!

마지막으로 파리에서 가장 오래된 역사를 자랑하는 르 봉 마르셰(Le bon marché) 백화점을 소개합니다. 이곳은 여행객뿐만 아니라 프랑스 현지 사람들에게 큰 사랑을 받는 쇼핑센터인데요. 특히 식료품관의 신선한 과일과 채소, 각종 반찬이나 향신료들이 아주 유명합니다. 요리를 좋아하는 분이라면 르 봉 마르셰에 들러서 프랑스에서만 접할 수 있는 다양한 식재료를 구경해 보는 것도 재미있을 거예요.

Partie
05 나는 프랑스어를 말합니다.

학습 목표 '나는 ~을 말한다' 말하기

Leçon 11	나는 프랑스어를 말합니다.	Leçon 12	우리는 영어를 말합니다.

Leçon 11

Je parle français.

나는 프랑스어를 말합니다.

학습 목표

- PARLER(말하다) 동사의 단수 인칭 변형 학습하기
- 여러 가지 언어명 학습하기
- PARLER 동사와 언어명을 활용하여 '나는 (언어명)을 말합니다' 문장 만들기

학습 단어

français [프헝쎄] n.m. 프랑스어 | **coréen** [꼬헤앙] n.m. 한국어 | **japonais** [쟈뽀네] n.m. 일본어 | **bien** [비앙] adv. 잘, 능란하게 | **de rien** [드 히앙] 천만에요

ÉTAPE 01

지난 시간 떠올리기

▶ 지난 시간 학습했던 내용들을 떠올려 볼까요?

지난 시간에는 색 형용사와 지시대명사를 활용하여 '이것은 검은색 펜입니다, 이것은 파란색 탁자입니다'와 같은 문장들을 만들어 보았습니다. 남성 형용사 뒤에 e를 붙여서 여성 형용사를 만들고, 색 형용사는 명사의 뒤에 붙인다는 형용사의 세부 규칙들을 떠올리면서 다시 한번 읽어 봅시다.

색 형용사

검은색의	
noir [누아흐]	noire [누아흐]

파란색의	
bleu [블뢰]	bleue [블뢰]

빨간색의	
rouge [후쥬]	rouge [후쥬]

오늘의 미션 학습이 끝나면 이 문장을 완벽하게 말할 수 있어요!

A: 너는 프랑스어를 말하니?

B: 응, 나는 프랑스어를 잘 말해.

✔ 숫자 **11 onze** [옹즈]

오늘의 학습

▶ 오늘 배울 내용들을 살펴보고, 머릿속에 차곡차곡 담아 볼까요?

동사

드디어 être 동사를 넘어 새로운 동사들을 배울 시간입니다. 프랑스어의 핵심은 '동사'라고 할 수 있죠! 그만큼 문장 안에서 동사가 가지는 힘은 막강한데요. 본격적으로 새로운 동사를 배우기에 앞서 프랑스어 동사가 갖는 특징을 설명해 드릴게요. 프랑스어 동사는 1, 2, 3군으로 나뉘고, 대다수가 1군 동사에 속합니다. 또한 1군과 2군 동사는 규칙 동사, 3군은 불규칙 동사로 구분됩니다. 우리가 지난 시간까지 문장에서 활용했던 être 동사는 3군 불규칙 동사에 속하고, 오늘 우리가 배울 parler(말하다) 동사는 1군 동사에 속합니다. 불규칙 동사인 être에 비해 1군 동사는 더 간단하답니다. 그럼 시작해 볼까요?

동사의 특징

- **1군, 2군, 3군으로 분류**
- **80% 이상이 1군 동사**
- **1군, 2군은 규칙 동사, 3군은 불규칙 동사**

2 말하다 parler [빠흘레] (단수 인칭 변형)

주어는	말한다
Je	parle [빠흘르]
Tu	parles [빠흘르]
Il	parle [빠흘르]
Elle	

1군 동사의 단수 인칭 어미 변형 규칙은 - e, - es, - e입니다.

✔확인 체크 parler 동사의 현재 시제 단수 인칭 변형을 떠올리면서 써 봅시다.

주어는	말한다
Je	✎
Tu	✎
Il	✎
Elle	✎

'말하다' 동사를 학습했으니, 이번에는 언어명을 동사 뒤에 붙여 '나는 (언어명)을 말한다'라는 문장을 만들어 봅시다. 국적 명사 남성형의 첫 글자를 소문자로 바꾼 다음 그대로 parler 동사 뒤에 붙여 주면 완성! 국적 명사 남성형을 떠올리면서 함께 말해 볼까요?

1) 한국어를 말하다 – parler coréen [빠흘레 꼬헤앙]

나는 한국어를 말한다.	→ Je parle coréen.
너는 한국어를 말한다.	→ Tu parles coréen.
그는 한국어를 말한다.	→ Il parle coréen.
그녀는 한국어를 말한다.	→ Elle parle coréen.

언어명 앞에는 항상 정관사 le를 사용하여 'le coréen 한국어'의 형태로 써야 하지만, parler 동사와 함께 쓸 때에는 예외적으로 정관사를 생략하여 'parler coréen 한국어를 말하다'와 같이 사용합니다.

2) 프랑스어를 말하다 – parler français [빠흘레 프헝쎄]

- 나는 프랑스어를 말한다. → Je parle français.
- 너는 프랑스어를 말한다. → Tu parles français.
- 그는 프랑스어를 말한다. → Il parle français.
- 그녀는 프랑스어를 말한다. → Elle parle français.

부정문

내가 구사할 줄 모르는 언어로 얘기하면서 누군가가 다가온다면, 해당 언어를 할 줄 모른다고 말할 수 있어야겠죠? 동사 앞뒤로 ne pas를 붙여서 부정 표현도 해 봅시다.

주어는	말하지 않는다
Je	ne parle pas [느 빠흘르 빠]
Tu	ne parles pas [느 빠흘르 빠]
Il	ne parle pas [느 빠흘르 빠]
Elle	

1) 일본어를 말하다 – parler japonais [빠흘레 쟈뽀네]

- 나는 일본어를 말하지 않는다. → Je ne parle pas japonais.
- 너는 일본어를 말하지 않는다. → Tu ne parles pas japonais.
- 그는 일본어를 말하지 않는다. → Il ne parle pas japonais.
- 그녀는 일본어를 말하지 않는다. → Elle ne parle pas japonais.

ÉTAPE 03 대화로 말해 보기

▶ 오늘 배운 문장들을 활용하여 대화를 나눠 봐요!

A | 너는 프랑스어를 말하니? → Tu parles français ?

B | 응, 나는 프랑스어를 **잘** 말해. → Oui, je parle **bien** français.
[비앙]

그리고 나는 한국어도 말해. Et je parle aussi coréen.

A | 그녀는 일본어를 말하니? → Elle parle japonais ?

B | 아니, 그녀는 일본어를 말하지 않아. → Non, elle ne parle pas japonais.

그녀는 한국어를 말해. Elle parle coréen.

Tip bien, aussi와 같은 부사는 동사 뒤에 위치합니다.

미션 확인

오늘의 핵심 문장을 완벽하게 외워 봅시다.

A: 너는 프랑스어를 말하니 ? → Tu parles français ?

B: 응, 나는 프랑스어를 잘 말해. → Oui, je parle bien français.

ÉTAPE  연습 문제

▶ 문제를 풀어 보면서 공부한 내용들을 완전히 내 것으로 만들어 봐요!

1 제시된 문장을 프랑스어로 써 보세요.

1. 프랑스어를 말하다 ______
2. 한국어를 말하다 ______
3. 일본어를 말하다 ______

 다음 중 알맞은 문장을 골라 체크해 보세요.

1. 그녀는 한국어를 말하지 않는다.
   (a. Elle ne parle pas coréen. / b. Elle ne parle pas français.)
2. 그는 일본어를 말하니?
   (a. Il parle japonais ? / b. Elle parle japonais ?)
3. 너는 한국어를 말한다.
   (a. Je parle coréen / b. Tu parles coréen.)

3 주어진 낱말들로 문장을 만드세요.

1. 너는 한국어를 말하니? (parles / coréen / tu)

   ______

2. 그녀는 한국어를 말하지 않는다. (coréen / ne / pas / parle / elle)

   ______

3. 나는 프랑스어를 잘 말한다. (bien / français / je / parle)

   ______

4. 그는 일본어를 말하지 않는다. (pas / japonais / ne / il / parle)

   ______

해석을 참고하여 프랑스어로 작문해 보세요.

1. 너는 프랑스어를 잘 말하니?

2. 응, 나는 프랑스어를 잘 말해.

3. 그녀는 일본어를 말하니?

4. 아니, 그녀는 일본어를 말하지 않아.

주어진 명사를 활용하여 문장을 만들어 보세요.

allemand [알르멍] n.m. 독일어 | espagnol [에스빠뇰] n.m. 스페인어

1. 나는 독일어를 말한다.
2. 너는 독일어를 말하지 않는다.
3. 그는 스페인어를 잘 말한다.
4. 그녀는 스페인어를 말하지 않는다.

정답

1 1. parler français 2. parler coréen 3. parler japonais

2 1. a 2. a 3. b

3 1. Tu parles coréen ? 2. Elle ne parle pas coréen. 3. Je parle bien français. 4. Il ne parle pas japonais.

4 1. Tu parles bien français ? 2. Oui, je parle bien français. 3. Elle parle japonais ? 4. Non, elle ne parle pas japonais.

5 1. Je parle allemand. 2. Tu ne parles pas allemand. 3. Il parle bien espagnol. 4. Elle ne parle pas espagnol.

표현 더하기

▶ 오늘 배운 내용과 관련된 다양한 표현을 익혀 봐요!

천만에요.
De rien [드 히앙]

de rien은 영어의 you're welcome에 해당하는 표현입니다. merci라는 표현은 익숙해도 그 대답에 해당하는 de rien은 지금 처음 들어 보는 분들이 많을 거예요. 누군가 여러분에게 merci라며 고마움을 표시한다면, de rien이라고 답해 주세요.

클라라 선생님의 꿀팁

1군 동사, 2군 동사, 3군 동사

오늘 강의를 통해 프랑스어 동사는 **1, 2, 3**군으로 나뉜다는 사실을 배웠습니다. **1**군과 **2**군이 규칙 동사이고 **3**군은 불규칙 동사라는 것은 어렴풋이 알았는데, 그럼 이 동사들은 어떻게 구분하는지 궁금해 하는 분들이 있을 거예요.

동사들을 구분할 수 있는 팁은 바로 '동사 원형의 어미를 살펴보면 된다'는 것인데요. **parler**와 같은 **1**군 동사들은 원형의 어미가 **– er**입니다. 모든 **2**군 동사들의 어미는 **– ir**이고요. **3**군 불규칙 동사들의 어미는 **-re, -oir, -ir**입니다. **3**군 동사들은 **1, 2**군과 달리 규칙적으로 변하지는 않지만, 불규칙 속에 일정한 변형 패턴이 있다는 것을 참고해 주세요.

형태는 다르지만 **1, 2, 3**군 모두 실생활에서 자주 쓰이는 동사들이 골고루 속해 있답니다. 똑같이 열심히 외워 주세요!

문화 탐방 프랑스 역사가 고스란히, 노트르담 대성당

건축 문화

에펠탑, 개선문과 함께 프랑스의 랜드마크로 자주 언급되는 건축물이 한 가지 있습니다. 바로 파리의 노트르담 대성당(Cathédrale Notre-Dame de Paris)인데요. 다들 한 번쯤 들어 보셨죠?

센강(Seine)에서 바또 무슈(bâteau mouche)라 불리는 투어 유람선을 타고 파리의 명소들을 하나씩 구경하다 보면 고딕 양식의 웅장한 풍채를 자랑하는 노트르담 대성당을 마주하게 되는데요. 빅토르 위고(Victor Hugo)의 명작 <노트르담의 곱추(Le Bossu de Notre-Dame)>의 배경지이기도 한 이 곳은 프랑스 국가 수장들의 장례식이 진행되었던 매우 중요한 장소이기도 합니다. 실제로 1804년에는 노트르담 성당에서 나폴레옹 1세의 대관식이 거행된 바 있어요.

그렇다면 대성당의 명칭인 '노트르담'은 무슨 의미일까요? '노트르담'은 '성모마리아'를 뜻하는 프랑스어 명사입니다. 12세기 초 건축을 시작하여 1240년에 완공된 이 대성당은 파리의 중심부인 시테섬(île de la Cité)에 위치하기 때문에 '파리의 심장'이라는 별칭을 갖고 있죠. 유네스코 세계문화유산으로 등록되어 있어 하루에도 수만 명의 사람들이 드나들던 프랑스의 대표적 명소인 이곳은 안타깝게도 2019년도에 발생한 불미스러운 화재 사건 이후 방문이 어려워졌다고 합니다. 재건 공사가 성공적으로 마무리되기를 기다리면서 센강의 다리 위, 시테섬 곳곳의 아기자기한 거리에서 노트르담 대성당을 감상해 보세요!

Leçon 12

Nous parlons anglais.

우리는 영어를 말합니다.

학습 목표

- PARLER 동사의 복수 인칭 변형 학습하기
- 여러 가지 언어명 학습하기
- PARLER 동사와 언어명을 활용하여 '우리는 (언어명)을 말합니다' 문장 만들기

학습 단어

chinois [쉬누아] n.m. 중국어 | **anglais** [엉글레] n.m. 영어 | **pardon** [빠흐동] 미안합니다

지난 시간 떠올리기

▶ 지난 시간 학습했던 내용들을 떠올려 볼까요?

지난 시간에는 parler 동사의 단수 인칭 변형과 '한국어, 프랑스어, 일본어'를 활용하여 '나는 한국어를 말한다, 너는 프랑스어를 말하니?, 그는 일본어를 말하지 않는다'와 같은 다양한 표현들을 만들어 보았습니다. 본격적인 강의에 앞서, 지난 시간에 배운 1군 동사 단수 인칭 변형을 머릿속에 떠올리면서 아래 표를 읽어 봅시다.

1 말하다 parler [빠흘레] 단수 인칭 변형

주어는	말한다
Je	parle [빠흘르]
Tu	parles [빠흘르]
Il	parle [빠흘르]
Elle	

2 부정문

주어는	말하지 않는다
Je	ne parle pas [느 빠흘르 빠]
Tu	ne parles pas [느 빠흘르 빠]
Il	ne parle pas [느 빠흘르 빠]
Elle	

3 언어를 말하다

한국어를 말하다	parler coréen [빠흘레 꼬헤앙]
프랑스어를 말하다	parler français [빠흘레 프헝쎄]
일본어를 말하다	parler japonais [빠흘레 쟈뽀네]

오늘의 미션 학습이 끝나면 이 문장을 완벽하게 말할 수 있어요!

A: 너희는 중국어를 말하니?

B: 아니, 우리는 영어를 말해.

✔ 숫자 **12 douze** [두즈]

오늘의 학습

▶ 오늘 배울 내용들을 살펴보고, 머릿속에 차곡차곡 담아 볼까요?

parler 동사의 단수 인칭 변형에 이어 오늘은 복수 인칭 변형을 배워 보겠습니다. 1군 동사는 규칙 동사이기 때문에 오늘 배우는 동사 변형 어미를 잘 외워 두면 앞으로 또 다른 1군 동사를 배울 때에도 똑같이 적용할 수 있답니다! 자, 그럼 같이 따라 읽어 볼까요?

말하다 parler [빠흘레] (복수 인칭 변형)

주어는	말한다
Nous	parlons [빠흘롱]
Vous	parlez [빠흘레]
Ils	parlent [빠흘르]
Elles	

Tip 1군 동사의 복수 인칭 어미 변형 규칙은 - ons, - ez, - ent입니다.

✔확인 체크 parler 동사의 현재 시제 복수 인칭 변형을 떠올리면서 써 봅시다.

주어는	말한다
Nous	✎
Vous	✎
Ils	✎
Elles	✎

이번에는 동사 뒤에 명사를 붙여 문장을 만들어 봅시다. 국적 명사 남성형의 첫 글자를 소문자로 바꾼 다음 그대로 parler 동사 뒤에 붙이면 '(언어명)을 말하다'라는 표현이 된다고 말씀드렸죠? 이번에는 '중국어와 영어, 일본어'로 같은 표현을 만들어 봅시다. 1군 동사의 어미 변형에 익숙해지도록 여러 번 같이 읽어 보세요!

1) 중국어를 말하다 – parler chinois [빠흘레 쉬누아]

- 우리는 중국어를 말한다. → Nous parlons chinois.
- 너희는 중국어를 말한다. → Vous parlez chinois.
- 그들은 중국어를 말한다. → Ils parlent chinois.
- 그녀들은 중국어를 말한다. → Elles parlent chinois.

2) 영어를 말하다 – parler anglais [빠흘레 엉글레]

- 우리는 영어를 말한다. → Nous parlons anglais.
- 너희는 영어를 말한다. → Vous parlez anglais.
- 그들은 영어를 말한다. → Ils parlent anglais.
- 그녀들은 영어를 말한다. → Elles parlent anglais.

부정문

평서문이 어느 정도 익숙해졌다면, 동사 앞뒤로 ne pas를 붙여 부정문을 만들어 볼까요?

주어는	말하지 않는다
Nous	ne parlons pas [느 빠흘롱 빠]
Vous	ne parlez pas [느 빠흘레 빠]
Ils	ne parlent pas [느 빠흘르 빠]
Elles	

'말하지 않는다'라는 부정 표현을 만들어 보았으니, '일본어'를 활용하여 인칭별로 '일본어를 말하지 않는다'라는 문장도 만들어 봅시다.

1) 일본어를 말하다 – parler japonais [빠흘레 쟈뽀네]

- 우리는 일본어를 말하지 않는다. → Nous ne parlons pas japonais.
- 너희는 일본어를 말하지 않는다. → Vous ne parlez pas japonais.
- 그들은 일본어를 말하지 않는다. → Ils ne parlent pas japonais.
- 그녀들은 일본어를 말하지 않는다. → Elles ne parlent pas japonais.

ÉTAPE 03

대화로 말해 보기

▶ 오늘 배운 문장들을 활용하여 대화를 나눠 봐요!

A | 너희는 영어를 말하니? → Vous parlez anglais ?

B | 응, 우리는 영어를 말해. → Oui, nous parlons anglais.

A | 그들은 일본어를 말하니? → Ils parlent japonais ?

B | 아니, 그들은 일본어를 말하지 않아. → Non, ils ne parlent pas japonais.

그들은 중국어를 말해. Ils parlent chinois.

미션 확인

오늘의 핵심 문장을 완벽하게 외워 봅시다.

A: 너희는 중국어를 말하니 ? → Vous parlez chinois ?

B: 아니, 우리는 영어를 말해. → Non, nous parlons anglais.

ÉTAPE 04

연습 문제

▶ 문제를 풀어 보면서 공부한 내용들을 완전히 내 것으로 만들어 봐요!

1 제시된 문장을 프랑스어로 써 보세요.

1. 중국어를 말하다 ______________________
2. 영어를 말하다 ______________________
3. 일본어를 말하다 ______________________

2 다음 중 알맞은 문장을 골라 체크해 보세요.

1. 너희는 영어를 말하지 않는다.
   (a. Vous ne parlez pas chinois. / b. Vous ne parlez pas anglais.)
2. 그들은 일본어를 말하니?
   (a. Ils parlent japonais ? / b. Elles parlent japonais ?)
3. 그녀들은 중국어를 말한다.
   (a. Elles parlent anglais. / b. Elles parlent chinois.)

3 주어진 낱말들로 문장을 만드세요.

1. 너희는 중국어를 말하니? (parlez / vous / chinois)

   ____
2. 우리는 영어를 말하지 않는다. (anglais / ne / pas / parlons / nous)

   ____
3. 그녀들은 일본어를 말한다. (japonais / parlent / elles)

   ____
4. 그들은 중국어를 말하지 않는다. (chinois / pas / ne / ils / parlent)

   ____

주어진 문장들을 프랑스어로 번역해 보세요.

1. 너희는 영어를 말하니?

2. 아니, 우리는 영어를 말하지 않아.

3. 그들은 중국어를 말하니?

4. 응, 그들은 중국어를 말해. 그리고 그들은 영어도 말해.

주어진 명사를 활용하여 문장을 만들어 보세요.

italien [이딸리앙] n.m. 이탈리아어 | russe [휘스] n.m. 러시아어

1. 우리는 이탈리아어를 말한다.
2. 너희는 러시아어를 말하지 않는다.
3. 그들은 이탈리아어를 잘 말한다.
4. 그녀들은 러시아어를 말한다.

정답

1 1. parler chinois 2. parler anglais 3. parler japonais

2 1. b 2. a 3. b

3 1. Vous parlez chinois ? 2. Nous ne parlons pas anglais. 3. Elles parlent japonais. 4. Ils ne parlent pas chinois.

4 1. Vous parlez anglais ? 2. Non, nous ne parlons pas anglais. 3. Ils parlent chinois ? 4. Oui, ils parlent chinois. Et ils parlent aussi anglais.

5 1. Nous parlons italien. 2. Vous ne parlez pas russe. 3. Ils parlent bien italien. 4. Elles parlent russe.

표현 더하기

▶ 오늘 배운 내용과 관련된 다양한 표현을 익혀 봐요!

미안합니다!
Pardon ! [빠흐동]

pardon은 주로 순간적으로 일어나는 상황에서 사과할 때 사용하는 경우가 많습니다. 길을 가다가 모르고 다른 사람의 발을 밟거나 어깨를 부딪혔을 때 자주 쓰이곤 하죠. 고의가 아닌 상황에서 타인에게 실수를 했다면 이 말을 꼭 써 보세요!

클라라 선생님의 꿀팁

프랑스어 할 줄 아세요?

한국에서는 특정 언어를 구사할 수 있는지 물어보기 위해 'ㅇㅇ어 말하니?'보다는 'ㅇㅇ어 할 줄 아니?'라고 묻는데요. 프랑스에서는 지금까지 우리가 배웠던 **parler** 동사를 활용해서 묻는답니다. '**Tu parles français ?**' 라는 문장을 직역하면 '너는 불어를 말하니?'지만 사실상 '너는 프랑스어 하니?' 즉, '프랑스어 할 줄 아니?' 라는 의미가 됩니다.

누군가 여러분에게 '**Tu parles français ?**'라고 묻는다면 여러분이 지금 프랑스어를 말하고 있는지에 대해 묻는 것이 아니라 프랑스어를 할 줄 아는지 물어보는 것이랍니다. 여러분들은 당연히 '**Oui, je parle français.**'라고 대답해야겠죠?

France

문화 탐방 파리를 대표하는 노천카페

카페 문화

'파리로 여행 가면 꼭 들러야 하는 맛집이나 카페가 있을까요?' 많은 분들이 이 같은 질문을 하시는데요. 그래서 이번에는 모두가 아는 식상한 곳 말고! 20세기 초 수많은 예술가와 문학가들의 사랑을 받았던 유서 깊은 노천카페 한 곳을 소개해 드리겠습니다.

오늘 소개할 핫 플레이스는 파리 생제르맹 데 프레(Saint-Germain-des-Prés) 지역에 위치한 레 되 마고(Les Deux Magots)입니다. '레 되 마고'는 직역하면 '두 개의 중국 인형'이라는 뜻인데요. 음료를 시키면 제공되는 냅킨이나 커피 잔에는 그 이름에 걸맞게 마주 보는 두 개의 중국 인형 형상이 그려진 로고가 새겨져 있습니다. 심지어는 카페 내부 벽면에도 일반 사람과 비슷한 크기의 중국 도자기 인형 모형들이 설치되어 있답니다. 파리에서는 쉽게 찾아볼 수 없는 독특한 인테리어라서 방문해 보시면 기억에 남을 거예요.

19세기 말을 시작으로 백 년 이상의 역사를 자랑하는 이 카페는, 현재의 파리지앵들에게서도 사랑을 듬뿍 받고 있는데요. 20세기 초에는 프랑스 예술계를 주름잡는 유명한 문학가와 예술가들이 즐겨 찾던 곳으로 지금보다도 더 유명했다고 합니다. 실제로 생텍쥐페리, 사르트르와 보부아르, 피카소, 카뮈, 랭보가 자주 왕래하던 카페로 이름을 알리고 있어요. 그래서 '프랑스 현대 문학의 발상지'라는 별칭까지 갖고 있답니다.

20세기 프랑스 대문호들의 숨결을 느끼며 커피를 마시거나 음식을 드시고 싶은 분들은 Saint-Germain-des-Prés [쌍 제흐망 데 프헤] 역에 내려서 Les Deux Magots 에 방문해 보세요. 핫 초콜릿(Chocolat chaud)이 유명한 곳이니, 메뉴 선정에 참고해 주세요.

Partie
06 나는 프랑스어를 공부합니다.

학습 목표 '나는 ~을 공부한다' 말하기

Leçon 13	나는 프랑스어를 공부합니다.	Leçon 14	우리는 영어를 공부합니다.

Leçon 13

J'étudie le français.

나는 프랑스어를 공부합니다.

학습 목표 |
- ÉTUDIER(공부하다) 동사의 단수 인칭 변형 학습하기
- ÉTUDIER 동사와 언어명을 활용하여 '나는 (언어명)을 공부한다' 말하기

학습 단어 |
excusez-moi [엑스뀌제 무아] 실례합니다

ÉTAPE 

지난 시간 떠올리기

▶ 지난 시간 학습했던 내용들을 떠올려 볼까요?

1군 동사의 복수 인칭 어미 변형을 기억하시나요? 그렇죠! -ons, -ez, -ent였습니다. 모든 1군 동사는 규칙 동사로 어미 변형이 동일하기 때문에, 한 번만 제대로 외워 두면 처음 보는 동사도 인칭별 동사 변형을 술술 쓸 수 있어요. 지난 시간에 배웠던 parler 동사를 복습하면서 어미 변형을 완벽하게 내 것으로 만들어 볼까요?

1 말하다 parler [빠흘레] (복수 인칭 변형)

주어는	말한다
Nous	parlons [빠흘롱]
Vous	parlez [빠흘레]
Ils	parlent [빠흘르]
Elles	

2 부정문

주어는	말하지 않는다
Nous	ne parlons pas [느 빠흘롱 빠]
Vous	ne parlez pas [느 빠흘레 빠]
Ils	ne parlent pas [느 빠흘르 빠]
Elles	

3 언어를 말하다

중국어를 말하다	parler chinois [빠흘레 쉬누아]
영어를 말하다	parler anglais [빠흘레 엉글레]
일본어를 말하다	parler japonais [빠흘레 쟈뽀네]

오늘의 미션 학습이 끝나면 이 문장을 완벽하게 말할 수 있어요!

A: 너는 일본어를 공부하니?

B: 아니, 나는 프랑스어를 공부해.

✔ 숫자 **13 treize** [트헤즈]

오늘의 학습

▶ 오늘 배울 내용들을 살펴보고, 머릿속에 차곡차곡 담아 볼까요?

공부하다 étudier [에뛰디에] (단수 인칭 변형)

오늘은 모음으로 시작하는 동사를 배워 보겠습니다. 바로 étudier 동사입니다. 동사 원형의 어미가 -er로 끝나는 1군 규칙 동사이므로, 1군 동사 어미 변형을 잘 외웠다면 혼자서도 인칭별 동사 변형을 쉽게 만들 수 있을 거예요. 함께 읽어 봅시다!

주어는	공부한다
J’	étudie [제뛰디]
Tu	études [에뛰디]
Il	étudie [에뛰디]
Elle	

étudier처럼 모음이나 무음 h로 시작하는 동사의 경우, 주어와 동사 사이에 축약과 연음이 일어납니다. 주어 인칭대명사에서 축약은 je에서만 일어납니다.

✔ 확인 체크

étudier 동사의 현재 시제 단수 인칭 변형을 떠올리면서 써 봅시다.

주어는	공부한다
J’	✎
Tu	✎
Il	✎
Elle	✎

언어를 공부하다

étudier + 정관사 le [르] + 언어명

지난 시간까지 우리는 parler 동사 뒤에 언어명을 붙여 문장을 만들었습니다. 이번에는 étudier 동사 뒤에 언어명을 붙여 '나는 (언어명)을 공부한다'라는 표현을 만들어 볼 거예요. parler 동사를 제외하고, 동사 뒤에 언어명이 올 때는 항상 관사를 붙여야 한답니다. 언어명은 모두 남성 명사이므로 남성형 정관사 le를 붙여 문장을 만들어 보겠습니다.

1) 프랑스어 – le français [르 프헝쎄]

나는 프랑스어를 공부한다.	→ J'étudie le français.
너는 프랑스어를 공부한다.	→ Tu étudies le français.
그는 프랑스어를 공부한다.	→ Il étudie le français.
그녀는 프랑스어를 공부한다.	→ Elle étudie le français.

2) 한국어 – le coréen [르 꼬헤앙]

나는 한국어를 공부한다.	→ J'étudie le coréen.
너는 한국어를 공부한다.	→ Tu étudies le coréen.
그는 한국어를 공부한다.	→ Il étudie le coréen.
그녀는 한국어를 공부한다.	→ Elle étudie le coréen.

3 부정문

주어는	공부하지 않는다
Je	n'étudie pas [네뛰디 빠]
Tu	n'étudies pas [네뛰디 빠]
Il	n'étudie pas [네뛰디 빠]
Elle	

모음이나 무음 h로 시작하는 동사의 경우, 부정문을 만들 때 ne와 동사 사이에 축약이 일어납니다.

1) 일본어 – le japonais [르 쟈뽀네]

- 나는 일본어를 공부하지 않는다. → Je n'étudie pas le japonais.
- 너는 일본어를 공부하지 않는다. → Tu n'étudies pas le japonais.
- 그는 일본어를 공부하지 않는다. → Il n'étudie pas le japonais.
- 그녀는 일본어를 공부하지 않는다. → Elle n'étudie pas le japonais.

ÉTAPE 03 대화로 말해 보기

▶ 오늘 배운 문장들을 활용하여 대화를 나눠 봐요!

A | 너는 프랑스어를 공부하니? → Tu étudies le français ?

B | 응, 나는 프랑스어를 공부해. → Oui, j'étudie le français.
그리고 나는 한국어도 공부해. Et j'étudie aussi le coréen.

A | 그는 일본어를 공부하니? → Il étudie le japonais ?

B | 아니, 그는 일본어를 공부하지 않아. → Non, il n'étudie pas le japonais.
그는 한국어를 공부해. Il étudie le coréen.

미션 확인

오늘의 핵심 문장을 완벽하게 외워 봅시다.

A: 너는 일본어를 공부하니? → Tu étudies le japonais ?

B: 아니, 나는 프랑스어를 공부해. → Non, j'étudie le français.

ÉTAPE 

연습 문제

▶ 문제를 풀어 보면서 공부한 내용들을 완전히 내 것으로 만들어 봐요!

1 밑줄에 들어갈 알맞은 동사 변화를 써 보세요.

1. 그는 공부한다. Il ______________ .
2. 너는 공부하지 않는다. Tu ______________ .
3. 그녀는 공부하니? Elle ______________ ?
4. 나는 공부한다. J' ______________ .

2 다음 중 알맞은 문장을 골라 체크하세요.

1. 그는 프랑스어를 공부한다.
   (a. Il étudie le français. / b. Elle étudie le français.)
2. 그녀는 일본어를 공부하지 않는다.
   (a. Elle n'étudie pas le coréen. / b. Elle n'étudie pas le japonais.)
3. 너는 프랑스어를 공부하니?
   (a. Elle étudie l'anglais ? / b. Tu étudies le français ?)

3 주어진 낱말들로 문장을 만드세요.

1. 나는 한국어를 공부한다. (étudie / le / j' / coréen)

____

2. 그는 일본어를 공부하니? (le / japonais / étudie / il)

____

3. 너는 프랑스어를 공부하지 않는다. (pas / tu / études / le / français / n')

____

4. 그녀는 한국어를 공부하지 않는다. (elle / n' / le / coréen / étudie / pas)

____

4 해석을 참고하여 프랑스어로 작문해 보세요.

1. 너는 프랑스어를 공부하니?

2. 응, 나는 프랑스어를 공부해.

3. 그리고 나는 한국어도 공부해.

4. 아니, 나는 프랑스어를 공부하지 않아.

5 주어진 명사를 활용하여 문장을 만들어 보세요.

espagnol [에스빠뇰] n.m. 스페인어 | allemand [알르멍] n.m. 독일어

Tip 정관사 le 뒤에 모음이나 무음 h로 시작하는 단어가 오면 모음 축약이 일어납니다.

1. 나는 스페인어를 공부한다.
2. 너는 독일어를 공부하지 않는다.
3. 그녀는 스페인어를 공부하니?
4. 그는 독일어를 공부한다.

정답

1 1. étudie 2. n'étudies pas 3. étudie 4. étudie
2 1. a 2. b 3. b
3 1. J'étudie le coréen. 2. Il étudie le japonais ? 3. Tu n'étudies pas le français. 4. Elle n'étudie pas le coréen.
4 1. Tu étudies le français ? 2. Oui, j'étudie le français. 3. Et j'étudie aussi le coréen. 4. Non, je n'étudie pas le français.
5 1. J'étudie l'espagnol. 2. Tu n'étudies pas l'allemand. 3. Elle étudie l'espagnol ? 4. Il étudie l'allemand.

표현 더하기

▶ 오늘 배운 내용과 관련된 다양한 표현을 익혀 봐요!

실례합니다.
Excusez-moi. [엑스뀌제 무아]

excusez-moi는 영어의 excuse me와 유사한 표현입니다. pardon처럼 미안한 마음을 표현하거나 '실례지만 ~' 하고 부탁이나 요청을 할 때 자주 사용한답니다. 꼭 기억해 두었다가 써 보세요!

클라라 선생님의 꿀팁

주어 인칭대명사와 동사 사이의 모음 축약

모음으로 끝나는 단어 뒤에 모음이나 무음 **h**로 시작하는 단어가 오면 축약이 일어난다는 것은 프랑스어의 가장 도드라지는 특징 중 하나입니다. 하지만 오늘 강의에서 처음 모음으로 시작하는 동사 **étudier**를 배우면서 한가지 궁금한 점이 생겼을 거예요.

'왜 je일 때는 j'étudie로 축약이 되면서
tu나 elle일 때는 모음 축약이 일어나지 않죠?'

그건 모음이나 무음 **h** 앞의 단어가 **[ə]** 발음으로 끝날 때 적용되는 프랑스어의 모음 축약 법칙 때문입니다. 끝이 **[ə]**로 발음되는 **je**와 달리, **tu**나 **elle**의 경우는 **[ə]**발음으로 끝나지 않기 때문에 모음 축약도 일어나지 않습니다.

앞으로 모음으로 시작하는 동사들을 자주 만나게 될 텐데요. 주어와 동사 간 모음 축약은 **je**에서만 일어난다는 점을 기억한다면 훨씬 쉽게 문장을 만들 수 있을 거예요.

France

문화 탐방 샴페인은 어떤 술일까요?

음료 문화

여러분은 샴페인(champagne [셩빤뉴])이 정확히 어떤 종류의 술인지 알고 계신가요? 보통 이런 질문을 하면 많은 분들이 답을 얼버무리거나 잘 모르겠다고 웃으며 넘어가기 일쑤인데요. 사실 샴페인은 와인의 한 종류랍니다. 다만, 일반 와인과 다르게 안에 기포가 들어있는 스파클링 와인 종류에 속한다는 게 특징이라면 특징일 수 있겠네요. 그럼 '스파클링 와인이라고 부르지 않고 왜 굳이 샴페인이라고 부를까?'라는 의문이 생길 수도 있을 텐데, 지금부터 이에 대한 흥미로운 사실을 말씀드릴게요.

샴페인은 프랑스 북동부에 위치한 샹파뉴(Champagne) 지역의 영어식 표현입니다. 그리고 이 지역에서 수확한 포도 품종으로 만든 와인을 '샴페인'이라고 부르는 거예요. 본토 발음으로는 [셩빤뉴]라고 읽어야겠죠?

샹파뉴 지역은 2015년부터 유네스코 세계문화유산으로 등록된 세계적으로 인정받는 와인 생산지입니다. 그만큼 엄격하고 독특한 샴페인 양조 기법을 자랑하는 곳이기도 하죠. 네 곳으로 구분된 산지에서 다양한 품종을 생산하여 샴페인을 만드는데, 각 품종에 따라 그 맛과 향도 다를 뿐 아니라 색도 미세하게 달라진답니다.

요즘은 세계 곳곳에서 '샴페인'이라는 이름을 모방한 스파클링 와인들이 생겨나고 있는데요. 이 이름은 오직 프랑스 샹파뉴 지역에서 생산된 포도 품종으로 제조한 스파클링 와인에만 붙일 수 있어요. 앞으로 샴페인을 맛볼 기회가 생긴다면, 샹파뉴 지역에서 재배된 포도로 제조된 것이 맞는지, 더 나아가 어떤 품종으로 만들어졌는지 꼼꼼히 따져 보고 즐기시면 좋을 것 같아요!

Leçon 14

Nous étudions l'anglais.

우리는 영어를 공부합니다.

학습 목표

- ÉTUDIER 동사의 복수 인칭 변형 학습하기
- ÉTUDIER 동사와 언어명을 활용하여 '우리는 (언어명)을 공부한다'말하기

학습 단어

à demain [아 드맹] 내일 만나요

ÉTAPE 

지난 시간 떠올리기

▶ 지난 시간 학습했던 내용들을 떠올려 볼까요?

지난 시간 1군 동사 étudier를 학습하면서 주어가 je일 때는 모음이나 무음 h로 시작하는 동사와 축약이 일어난다는 것과 '(언어명)을 공부한다'라고 말할 때는 언어명에 정관사 le를 붙여 'étudier le 언어명'으로 써야 한다는 것을 배웠습니다. 복수 인칭 변형으로 넘어가기 전에 다시 한번 읽어 보면서 단수 인칭 변형을 완벽하게 외워 봅시다!

1 공부하다 étudier [에뛰디에] (단수 인칭 변형)

주어는	공부한다
J'	étudie [제뛰디]
Tu	étudies [에뛰디]
Il	étudie [에뛰디]
Elle	

2 부정문

주어는	공부하지 않는다
Je	n'étudie pas [네뛰디 빠]
Tu	n'étudies pas [네뛰디 빠]
Il	n'étudie pas [네뛰디 빠]
Elle	

3 언어명

프랑스어	한국어	일본어
le français [르 프헝쎄]	le coréen [르 꼬헤앙]	le japonais [르 쟈뽀네]

오늘의 미션 학습이 끝나면 이 문장을 완벽하게 말할 수 있어요!

A: 너희는 중국어를 공부하니?

B: 아니, 우리는 영어를 공부해.

✔ 숫자 **14 quatorze** [꺄또흐즈]

오늘의 학습

▶ 오늘 배울 내용들을 살펴보고, 머릿속에 차곡차곡 담아 볼까요?

공부하다 étudier [에뛰디에] (복수 인칭 변형)

étudier 동사의 단수 인칭 변형을 복습했다면 이번에는 복수 인칭 변형을 공부해 볼 차례입니다. 주어와 동사 간 연음에 주의하면서 크게 읽어 볼까요?

주어는	공부한다
Nous	étudions [에뛰디옹]
Vous	étudiez [에뛰디에]
Ils	étudient [에뛰디]
Elles	

모음이나 무음 h로 시작하는 동사는 복수 인칭 변형에서 주어와 연음해 줍니다. (Nous‿étudions, Vous‿étudiez, Ils‿étudient, Elles‿étudient)

✔ 확인 체크 étudier 동사의 현재 시제 복수 인칭 변형을 떠올리면서 써 봅시다.

주어는	공부한다
Nous	✎
Vous	✎
Ils	✎
Elles	✎

언어를 공부하다

étudier + 정관사 le(르) + 언어명

parler 동사를 제외한 나머지 동사 뒤에 언어명이 올 경우, 꼭 정관사 le와 함께 써야 한다는 점 잊지 않았죠? 오늘은 '중국어, 영어, 일본어'를 활용하여 다채로운 문장을 만들어 봅시다. 읽을 때는 주어와 동사 간 연음에 주의하세요!

1) 중국어– le chinois [르 쉬누아]

- 우리는 중국어를 공부한다. → Nous étudions le chinois.
- 너희는 중국어를 공부한다. → Vous étudiez le chinois.
- 그들은 중국어를 공부한다. → Ils étudient le chinois.
- 그녀들은 중국어를 공부한다. → Elles étudient le chinois.

2) 영어 – l'anglais [렁글레]

- 우리는 영어를 공부한다. → Nous étudions l'anglais.
- 너희는 영어를 공부한다. → Vous étudiez l'anglais.
- 그들은 영어를 공부한다. → Ils étudient l'anglais.
- 그녀들은 영어를 공부한다. → Elles étudient l'anglais.

부정문

모음 축약에 유의하면서 동사 앞뒤로 ne pas를 붙여 부정문을 만들어 봅시다.

주어는	공부하지 않는다
Nous	n'étudions pas [네뛰디옹 빠]
Vous	n'étudiez pas [네뛰디에 빠]
Ils	n'étudient pas [네뛰디 빠]
Elles	

Tip 모음이나 무음 h로 시작하는 동사는 부정문을 만들 때 ne와 동사 사이에 축약이 일어납니다.

1) 일본어 – le japonais [르 쟈뽀네]

- 우리는 일본어를 공부하지 않는다. → Nous n'étudions pas le japonais.
- 너희는 일본어를 공부하지 않는다. → Vous n'étudiez pas le japonais.
- 그들은 일본어를 공부하지 않는다. → Ils n'étudient pas le japonais.
- 그녀들은 일본어를 공부하지 않는다. → Elles n'étudient pas le japonais.

ÉTAPE 03 대화로 말해 보기

▶ 오늘 배운 문장들을 활용하여 대화를 나눠 봐요!

A | 너희는 영어를 공부하니? → Vous étudiez l'anglais ?

B | 응, 우리는 영어를 공부해. → Oui, nous étudions l'anglais.

A | 그들은 일본어를 공부하니? → Ils étudient le japonais ?

B | 아니, 그들은 일본어를 공부하지 않아. → Non, ils n'étudient pas le japonais.
그들은 중국어를 공부해. Ils étudient le chinois.

미션 확인

오늘의 핵심 문장을 완벽하게 외워 봅시다.

A: 너희는 중국어를 공부하니? → Vous étudiez le chinois ?

B: 아니, 우리는 영어를 공부해. → Non, nous étudions l'anglais.

ÉTAPE 04

연습 문제

▶ 문제를 풀어 보면서 공부한 내용들을 완전히 내 것으로 만들어 봐요!

1 밑줄에 알맞은 동사 변화 형태를 써 보세요.

1. 그들은 공부한다. Ils ______________________ .
2. 너희는 공부하지 않는다. Vous ______________________ .
3. 그녀들은 공부하니? Elles ______________________ ?
4. 우리는 공부한다. Nous ______________________ .

2 각 의문문에 알맞은 대답을 연결해 보세요.

1. Vous étudiez l'anglais ? ·
2. Ils étudient le japonais ? ·
3. Elles étudient le chinois ? ·
4. Vous étudiez le japonais ? ·

· a Non, nous n'étudions pas l'anglais.
· b Oui, ils étudient le japonais.
· c Non, elles n'étudient pas le chinois.
· d Oui, nous étudions le japonais.

3 주어진 낱말들로 문장을 만드세요.

1. 우리는 중국어를 공부한다. (étudions / nous / le / chinois)

____

2. 그들은 일본어를 공부하니? (japonais / ils / étudient / le)

____

3. 그녀들은 영어를 공부하지 않는다. (elles / n' / étudient / l' / anglais / pas)

____

배운 내용을 떠올리면서 작문해 보세요.

1. 그들은 영어를 공부하니?

2. 아니, 그들은 영어를 공부하지 않아.

3. 우리는 중국어를 공부해.

주어진 명사를 활용하여 문장을 만들어 보세요.

italien [이딸리앙] n.m. 이탈리아어 | russe [휘쓰] n.m. 러시아어

Tip 정관사 le 뒤에 모음이나 무음 h로 시작하는 단어가 오는 경우 모음 축약이 일어납니다.

1. 우리는 이탈리아어를 공부한다.
2. 너희는 러시아어를 공부하지 않는다.
3. 그녀들은 이탈리아어를 공부하니?
4. 그들은 러시아어를 공부한다.

정답

1 1. étudient 2. n'étudiez pas 3. étudient 4. étudions
2 1. a 2. b 3. c 4. d
3 1. Nous étudions le chinois. 2. Ils étudient le japonais ? 3. Elles n'étudient pas l'anglais.
4 1. Ils étudient l'anglais ? 2. Non, ils n'étudient pas l'anglais. 3. Nous étudions le chinois.
5 1. Nous étudions l'italien. 2. Vous n'étudiez pas le russe. 3. Elles étudient l'italien ? 4. Ils étudient le russe.

표현 더하기

▶ 오늘 배운 내용과 관련된 다양한 표현을 익혀 봐요!

내일 만나요!
À demain ! [아 드망]

à demain은 '내일 봐' 또는 '내일 만나'라는 뜻으로, 다음날 만남이 약속되어 있는 경우 헤어질 때 쓰는 표현입니다. 다음날 만남이 약속되어 있지 않은 상태에서 이 표현을 사용하기에는 조금 어색할 수 있으니, 그런 경우에는 다음을 기약하는 표현인 au revoir [오 흐부아흐]나 à bientôt [아 비앙또]를 사용해 주세요.

클라라 선생님의 꿀팁

1군 규칙 동사의 발음

동사 원형의 어미가 **-er**로 끝나는 동사들은 **1**군 규칙 동사로 분류합니다. **1**군 동사들의 동사 변형 어미 형태는 **-e, -es, -e, -ons, -ez, -ent**로, 이미 다 알고 있는 부분이죠? 하지만 이 어미들이 모두 발음되는 것은 아닙니다. **1**인칭 복수 **nous**일 때 **-ons**와 **2**인칭 복수 **vous**일 때 **-ez**를 제외하고는 모두 묵음 처리를 해야 해요. 단어 마지막 자음 앞에 모음 **e**가 있는 경우, 보통 [에] 발음이 나지만 **2**인칭 단수 **tu**일 때는 **-es** 모두 묵음 처리됩니다. **tu**일 때 **-es**와 **vous**일 때 **-ez**의 발음이 다른 이유가 바로 여기에 있습니다. 이 특징을 잘 기억해 두시면 다른 **1**군 규칙 동사들을 배울 때에도 헷갈리지 않을 거예요!

문화 탐방 모나리자가 보고 싶다면 루브르 박물관으로!

건축 문화

레오나르도 다빈치의 명화 <모나리자>, 그리고 세상 가장 아름다운 석상으로 호평 받고 있는 밀로의 <비너스>가 전시되어 있는 루브르 박물관(Musée du Louvre)은 세계 3대 박물관으로 높은 위상을 자랑하는 프랑스의 대표 박물관입니다.

지금은 박물관의 모습으로 기원전 7000년부터 서기 1850년대에 이르는 예술품들을 보존하고 있지만, 17세기 후반 루이 14세가 베르사유 궁으로 거처를 옮기기 전까지만 해도 이 곳은 역사 속 왕들이 머무르던 궁전이었답니다.

박물관을 방문해 본 분들이라면 박물관 규모가 너무 커서 하루 만에 모든 전시를 관람하기에 역부족이라는 사실을 깨달았을 거예요. 실제로 이곳에는 프랑스뿐 아니라 고대 그리스, 로마, 이집트, 고대 이슬람, 이탈리아, 스페인, 북유럽 등 세계 곳곳에서 수집한 약 3만 5천점에 달하는 회화, 조각 작품들이 전시되어 있답니다. 정말 어마어마하죠?

루브르 박물관의 컬렉션은 리슐리외관, 쉴리관, 드농관에 전시되어 있는데, 이 전시관 이름은 모두 프랑스의 역사적 인물의 이름에서 따온 것이랍니다.

전 세계 여러 곳의 작품뿐 아니라 1830년 7월에 일어난 혁명을 묘사하는 <민중을 이끄는 자유의 여신(La Liberté guidant le peuple)>, 노트르담 대성당에서 진행되었던 나폴레옹 1세의 대관식을 그린 <나폴레옹 1세의 대관식(Le Sacre de Napoléon)> 등 프랑스 역사를 대표하는 주요 회화들도 전시하고 있으니, 생생한역사를 경험하고 싶으신 분들은 루브르 박물관에 꼭 방문해 보세요!

Partie 07 나는 운동을 좋아합니다.

학습 목표 '나는 ~을 좋아한다' 말하기

Leçon 15	나는 운동을 좋아합니다.	Leçon 16	우리는 강아지를 좋아합니다.

Leçon 15

J'aime le sport.

나는 운동을 좋아합니다.

학습 목표

- AIMER(좋아하다) 동사의 단수 인칭 변형 학습하기
- 정관사 단수형 학습하기
- AIMER 동사와 여러 명사를 활용하여 기호 나타내기

학습 단어

sport [스뽀흐] n.m. 운동 | **musique** [뮈지끄] n.f. 음악 | **ça** [싸] 이것, 그것, 저것 | **beaucoup** [보꾸] adv. 많이, 매우 | **bon appétit** [보나뻬띠] 맛있게 드세요

지난 시간 떠올리기

▶ 지난 시간 학습했던 내용들을 떠올려 볼까요?

지금까지 4개 강에 걸쳐 parler, étudier 동사와 다양한 언어명을 활용하여 문장을 만들어 보았습니다. 프랑스어로 누군가가 나에게 어떤 언어를 할 수 있는지, 또 어떤 언어를 공부하는지 물어본다면 이제는 쉽게 대답할 수 있겠죠? 오늘 강의를 본격적으로 시작하기 전에 지금까지 배운 내용들을 다시 한번 복습해 봅시다.

1 공부하다 étudier [에뛰디에] (복수 인칭 변형)

주어는	공부한다
Nous	étudions [에뛰디옹]
Vous	étudiez [에뛰디에]
Ils	étudient [에뛰디]
Elles	

2 부정문

주어는	공부하지 않는다
Nous	n'étudions pas [네뛰디옹 빠]
Vous	n'étudiez pas [네뛰디에 빠]
Ils	n'étudient pas [네뛰디 빠]
Elles	

3 언어명

중국어	영어	일본어
le chinois [르 쉬누아]	l'anglais [헝글레]	le japonais [르 쟈뽀네]

오늘의 미션 학습이 끝나면 이 문장을 완벽하게 말할 수 있어요!

A: 너는 음악을 좋아하니?

B: 아니, 나는 운동을 좋아해.

숫자 **15 quinze** [깽즈]

ÉTAPE 

오늘의 학습

▶ 오늘 배울 내용들을 살펴보고, 머릿속에 차곡차곡 담아 볼까요?

1 좋아하다 aimer [에메] (단수 인칭 변형)

오늘은 기호를 나타낼 때 자주 등장하는, 아주 기본적이지만 유용한 동사인 aimer 동사의 단수 인칭 변형을 배워 보겠습니다. 모음으로 시작하는 동사이므로 je와 동사 사이의 모음 축약에 유의하면서 우렁차게 읽어 봅시다.

주어는	좋아한다
J'	aime [젬므]
Tu	aimes [엠므]
Il	aime [엠므]
Elle	

 j'aime, tu aimes, il aime, elle aime을 빠르게 읽으면 aime가 [엠]으로 발음될 수 있습니다.

✔확인 체크 aimer 동사의 현재 시제 단수 인칭 변형을 떠올리면서 써 봅시다.

주어는	좋아한다
J'	
Tu	
Il	
Elle	

2 ~을 좋아하다

동사가 어느 정도 익숙해졌다면, 이번에는 명사를 활용해서 '나는 ~를 좋아한다'라고 말해 봅시다. '좋아하다, 싫어하다'와 같이 기호를 나타내는 동사들의 경우, 뒤에 명사가 오면 정관사를 사용한답니다. 관사는 반드시 명사의 성과 수에 맞춰야겠죠? 정관사 남성 단수와 여성 단수도 함께 알아봅시다.

aimer + 정관사 + 명사

1) 정관사(단수): (정해진) 그

남성 단수	여성 단수
le [르]	la [라]

2) 정관사 + 명사

운동 – le sport [르 스뽀흐]

나는 운동을 좋아한다.	→ J'aime le sport.
너는 운동을 좋아한다.	→ Tu aimes le sport.
그는 운동을 좋아한다.	→ Il aime le sport.
그녀는 운동을 좋아한다.	→ Elle aime le sport.

음악 – la musique [라 뮈지끄]

나는 음악을 좋아한다.	→ J'aime la musique.
너는 음악을 좋아한다.	→ Tu aimes la musique.
그는 음악을 좋아한다.	→ Il aime la musique.
그녀는 음악을 좋아한다.	→ Elle aime la musique.

3 부정문

이번에는 또 다른 명사를 활용하여 부정문을 만들어 보도록 합시다. 모음으로 시작하는 동사이므로 모음 축약에 주의하면서 같이 읽어 보아요.

주어는	좋아하지 않는다
Je	n'aime pas [넴므 빠]
Tu	n'aimes pas [넴므 빠]
Il	n'aime pas [넴므 빠]
Elle	

 부정문에서 ne와 모음으로 시작하는 동사는 축약이 일어나며, n'aime pas를 빨리 읽으면 [넴 빠]로 발음될 수 있습니다.

커피 – le café [르 까페]

Tip café는 '커피'라는 뜻도 있지만, '카페'라는 뜻도 있습니다.

- 나는 커피를 좋아하지 않는다. → Je n'aime pas le café.
- 너는 커피를 좋아하지 않는다. → Tu n'aimes pas le café.
- 그는 커피를 좋아하지 않는다. → Il n'aime pas le café.
- 그녀는 커피를 좋아하지 않는다. → Elle n'aime pas le café.

- 나는 커피를 좋아한다. → J'aime le café.
- 나는 그것을 좋아한다. → J'aime ça. (싸)
- 나는 그것을 좋아하지 않는다. → Je n'aime pas ça.

ÉTAPE 03

대화로 말해 보기

▶ 오늘 배운 문장들을 활용하여 대화를 나눠 봐요!

A | 너는 음악을 좋아하니? → Tu aimes la musique ?

B | 아니, 나는 음악을 좋아하지 않아. → Non, je n'aime pas la musique.

나는 운동을 좋아해. J'aime le sport.

A | 너는 커피를 좋아하니? → Tu aimes le café ?

B | 응, 나는 커피를 **많이** 좋아해. → Oui, j'aime **beaucoup** [보꾸] le café.

응, 나는 그것을 좋아해. Oui, j'aime ça.

미션 확인

오늘의 핵심 문장을 완벽하게 외워 봅시다.

A: 너는 음악을 좋아하니? → Tu aimes la musique ?

B: 아니, 나는 운동을 좋아해. → Non, j'aime le sport.

ÉTAPE 04 연습 문제

▶ 문제를 풀어 보면서 공부한 내용들을 완전히 내 것으로 만들어 봐요!

제시된 단어를 정관사와 함께 써 보세요.

1. 운동 ____________________
2. 음악 ____________________
3. 커피 ____________________

각 의문문에 알맞은 대답을 연결해 보세요.

1. Tu aimes le sport ? ·
2. Elle aime la musique ? ·
3. Tu aimes le café ? ·
4. Il aime la musique ? ·

· a Non, je n'aime pas le café.
· b Oui, j'aime le sport.
· c Non, elle n'aime pas la musique.
· d Oui, il aime la musique.

주어진 낱말들로 문장을 만드세요.

1. 너는 운동을 좋아하니? (sport / tu / le / aimes)

____

2. 그는 운동을 좋아하지 않는다. (pas / il / le / n' / sport / aime)

____

3. 그녀는 커피를 좋아한다. (elle / café / le / aime)

____

4 해석을 참고하여 프랑스어로 작문해 보세요.

1. 너는 음악을 좋아하니?

2. 아니, 나는 음악을 좋아하지 않아.

3. 나는 커피를 많이 좋아해.

4. 나는 그것을 좋아해.

5 주어진 명사를 활용하여 문장을 만들어 보세요.

art [아흐] n.m. 예술 | nature [나뛰흐] n.f. 자연

Tip 정관사 뒤에 모음으로 시작하는 명사가 오면 모음 충돌이 일어나 축약됩니다.

1. 나는 예술을 많이 좋아한다.
2. 너는 예술을 좋아하지 않는다.
3. 그는 자연을 좋아하니?
4. 그녀는 자연을 좋아하지 않는다.

정답

1 1. le sport 2. la musique 3. le café

2 1. b 2. c 3. a 4. d

3 1. Tu aimes le sport ? 2. Il n'aime pas le sport. 3. Elle aime le café.

4 1. Tu aimes la musique ? 2. Non, je n'aime pas la musique. 3. J'aime beaucoup le café. 4. J'aime ça.

5 1. J'aime beaucoup l'art. 2. Tu n'aimes pas l'art. 3. Il aime la nature ? 4. Elle n'aime pas la nature.

표현 더하기

▶ 오늘 배운 내용과 관련된 다양한 표현을 익혀 봐요!

맛있게 드세요!
Bon appétit ! [보나뻬띠]

bon은 '좋은', appétit는 '식욕'이라는 뜻으로, bon appétit는 '맛있게 드세요!'라는 의미를 지닙니다. 식사 자리에서 음식을 먹기 전에 자주 사용하는 표현이니, 여럿이 함께 식사하는 자리에서 한번 사용해 보세요. 인사말 하나로 식사 분위기도 좋아지고, 식사를 더 맛있게 즐길 수 있을 거예요.

클라라 선생님의 꿀팁

명사의 성

프랑스어의 모든 명사들은 남성 명사와 여성 명사로 나뉜다고 강조했던 것 기억하시죠? 그리고 아마 지금쯤 여러분들 중에는 '수많은 명사들의 성을 하나하나 찾아 외우기에는 버거운데, 조금 더 쉽게 구분할 방법은 없을까?'라는 생각을 하는 분도 있을 거예요. 그래서 이번에는 사전을 찾지 않고도 명사의 성을 유추할 수 있는 꿀팁을 알려드리려고 합니다. 그 방법은 바로 명사의 어미를 보고 유추하는 방법인데요. 오늘 우리가 배운 운동 **le sport**처럼 **-ort**로 끝나는 명사들은 대부분 남성 명사입니다. 그리고 음악 **la musique**처럼 어미가 **-que**로 끝나는 명사들은 대부분 여성 명사랍니다. 꼭 기억해 두세요!

- 남성 명사: **le port** 항구, **le sort** 주문
- 여성 명사: **la boutique** 상점, **la bibliothèque** 도서관

France

문화 탐방 모네의 정원

지역 탐방

도심 속 일상에 피로감을 느끼는 분들은 한 번쯤 전원에서 생활하고자 하는 로망을 품고 계실 텐데요. 마음속에서만 꿈꾸던 아름다운 자연을 생생하게 느끼고 싶은 분들을 위해 지베르니(Giverny)를 여행지로 추천합니다.

지베르니는 파리의 북서쪽으로 약 80km 정도 떨어진 곳에 위치한 작고 조용한 마을입니다. 이곳에는 소박한 자연의 삶을 지향하던 인상파의 아버지 클로드 모네(Claude Monet)의 흔적을 고스란히 보존해 놓은 생가와 정원이 있는데요. 그가 생전에 소중히 가꿔 온 정원은 실제 그의 작품에서 주요 배경으로 등장하기도 합니다. 오늘날 지베르니와 그곳에 위치한 모네의 생가는 수많은 미술 애호가들의 사랑을 듬뿍 받는 관광 명소로 자리 잡게 되었죠.

그렇다면 '인상파의 아버지'라 불리는 모네는 어떻게 남은 일생을 지베르니에서 보내게 되었을까요? 모네의 삶을 조금 더 살펴봅시다.

작품 활동 초기에 모네는 재정적인 어려움을 겪었기 때문에 어쩔 수 없이 파리와 그 주변 여러 지역을 전전하며 살았습니다. 그가 예술인으로서 높은 명성을 얻기 시작할 때즈음, 지베르니에 정착하면서 늘 꿈에 그리던 자연 친화적인 삶을 실현해 나갔습니다. 특히 땅을 넓혀 연못을 만들고 일본식 다리를 설치하는 등 특별한 정성을 들여 정원을 가꾸었는데요. 그의 대작 <수련(Nymphéas)>이 바로 이 정원에서 탄생한 작품이랍니다. 전 세계적으로 큰 사랑을 받고 있는 작품인 <수련>은 1차 세계대전이 끝난 직후 그가 국가에 기증한 작품으로 알려져 있습니다. 그의 작품을 직접 보고 싶다면 인상주의 작품들이 전시된, 파리의 오랑주리 미술관(Musée de l'Orangerie)을 방문해 보시는 것도 추천합니다!

Leçon 16

Nous aimons les chiens.

우리는 강아지를 좋아합니다.

학습 목표

- AIMER 동사의 복수 인칭 변형 학습하기
- 정관사 복수형 학습하기
- AIMER 동사와 여러 명사를 활용하여 기호 나타내기

학습 단어

chien [쉬앙] n.m. 강아지 | **chat** [샤] n.m. 고양이 | **animal** [아니말] n.m. 동물 | **d'accord** [다꼬흐] 좋아, 그래

ÉTAPE 01

지난 시간 떠올리기

▶ 지난 시간 학습했던 내용들을 떠올려 볼까요?

지난 시간 우리는 모음으로 시작하는 1군 aimer 동사의 단수 인칭 변형을 학습했습니다. 기호를 나타내는 동사 뒤에 명사가 올 때는 정관사를 사용해야 한다는 것 기억하고 있죠? 주어와의 연음과 축약에 주의하면서 다시 한번 aimer 동사를 복습해 봅시다!

1 좋아하다 aimer [에메] (단수 인칭 변형)

주어는	좋아한다
J'	aime [젬므]
Tu	aimes [엠므]
Il	aime [엠므]
Elle	

2 부정문

주어는	좋아하지 않는다
Je	n'aime pas [넴므 빠]
Tu	n'aimes pas [넴므 빠]
Il	n'aime pas [넴므 빠]
Elle	

3 명사

운동	음악	커피	이, 그, 저것
le sport [르 스뽀흐]	la musique [라 뮈지끄]	le café [르 꺄페]	ça [싸]

오늘의 미션 학습이 끝나면 이 문장을 완벽하게 말할 수 있어요!

A: 너희는 강아지를 좋아하니?

B: 응, 우리는 강아지를 많이 좋아해.

✔ 숫자 **16 seize** [쎄즈]

오늘의 학습

▶ 오늘 배울 내용들을 살펴보고, 머릿속에 차곡차곡 담아 볼까요?

이번 강의에서는 계속해서 aimer 동사의 복수 인칭 변화를 배워 볼 텐데요. 모음이나 무음 h로 시작하는 동사는 모든 복수 인칭에서 연음이 일어납니다. nous, vous, ils, elles처럼 주어 끝에 붙는 s는 모음으로 시작하는 동사와 만나면서 z로 발음되는데요. 이 점에 유의하면서 함께 읽어 볼까요?

좋아하다 aimer [에메] (복수 인칭 변형)

주어는	좋아한다
Nous	aimons [에몽]
Vous	aimez [에메]
Ils	aiment [엠므]
Elles	

✔ 확인 체크 aimer 동사의 현재 시제 복수 인칭 변형을 떠올리면서 써 봅시다.

주어는	좋아한다
Nous	✎
Vous	✎
Ils	✎
Elles	✎

~을 좋아하다

확인 체크 코너를 통해서 확실하게 복수 인칭 변형을 공부하셨나요? 그렇다면 이제 '우리는 ~을 좋아해, 너희는 ~을 좋아하니?'와 같은 다양한 문장들을 만들 수 있겠지요? 지난 시간에도 말씀드렸듯이, 기호를 나타내는 동사 뒤에 명사가 올 땐 정관사를 함께 사용합니다.

aimer + 정관사 + 명사

1) 정관사(복수): (정해진) 그

지난 시간에는 단수 명사를 활용하여 문장을 만들었으니, 이번 시간에는 복수 명사를 활용하여 문장을 만들어 보도록 합시다. 복수 명사 앞에 붙는 정관사는 당연히 복수 형태로 써야겠죠? 편리하게도 정관사 남성 복수와 여성 복수 형태는 동일하답니다. 같이 살펴볼까요?

남성 복수	여성 복수
les [레]	

2) 정관사 + 명사

강아지들 – **les chiens** [레 쉬앙]	
우리는 강아지를 좋아한다.	Nous aimons les chiens.
너희는 강아지를 좋아한다.	Vous aimez les chiens.
그들은 강아지를 좋아한다.	Ils aiment les chiens.
그녀들은 강아지를 좋아한다.	Elles aiment les chiens.

Tip aimer 동사 뒤에 동물 명사를 단수 형태로 쓰면 '그 동물의 고기를 좋아한다'라는 의미가 됩니다. 그러므로 동물을 좋아한다고 말할 때에는 복수형을 사용해야 합니다.

고양이들 – **les chats** [레 샤]	
우리는 고양이를 좋아한다.	Nous aimons les chats.
너희는 고양이를 좋아한다.	Vous aimez les chats.
그들은 고양이를 좋아한다.	Ils aiment les chats.
그녀들은 고양이를 좋아한다.	Elles aiment les chats.

부정문

이번에는 '~을 좋아하지 않는다'를 복수 인칭을 활용하여 말해 봅시다. ne와 동사의 모음 축약에 주의하면서 같이 학습해 보아요!

주어는	좋아하지 않는다
Nous	n'aimons pas [네몽 빠]
Vous	n'aimez pas [네메 빠]
Ils	n'aiment pas [넴므 빠]
Elles	

동물들 – les animaux [레자니모]

일반적으로 명사의 복수형을 만들 때에는 뒤에 s를 붙여 주지만, animal은 예외적으로 animaux의 형태가 됩니다. les 뒤에 모음으로 시작하는 명사가 오면 부드럽게 연음하여 읽습니다.

- 우리는 동물을 좋아하지 않는다. → Nous n'aimons pas les animaux.
- 너희는 동물을 좋아하지 않는다. → Vous n'aimez pas les animaux.
- 그들은 동물을 좋아하지 않는다. → Ils n'aiment pas les animaux.
- 그녀들은 동물을 좋아하지 않는다. → Elles n'aiment pas les animaux.

ÉTAPE 03 대화로 말해 보기

▶ 오늘 배운 문장들을 활용하여 대화를 나눠 봐요!

A | 너희는 강아지를 좋아하니? → Vous aimez les chiens ?

B | 응, 우리는 강아지를 많이 좋아해. → Oui, nous aimons beaucoup les chiens.

그리고 우리는 고양이도 좋아해. Et nous aimons aussi les chats.

A | 너희는 동물을 좋아하니? → Vous aimez les animaux ?

B | 아니, 우리는 동물을 좋아하지 않아. → Non, nous n'aimons pas les animaux.

미션 확인

오늘의 핵심 문장을 완벽하게 외워 봅시다.

A: 너희는 강아지를 좋아하니? → Vous aimez les chiens ?

B: 응, 우리는 강아지를 많이 좋아해. → Oui, nous aimons beaucoup les chiens.

ÉTAPE 04

연습 문제

▶ 문제를 풀어 보면서 공부한 내용들을 완전히 내 것으로 만들어 봐요!

1 제시된 단어를 정관사와 함께 써 보세요.

1. 강아지들 ____________
2. 고양이들 ____________
3. 동물들 ____________

2 각 의문문에 알맞은 대답을 연결해 보세요.

1. Vous aimez les animaux ? ·
2. Elles aiment les chiens ? ·
3. Ils aiment les chats ? ·
4. Vous aimez les chats ? ·

· a Non, ils n'aiment pas les chats.
· b Oui, elles aiment les chiens.
· c Non, nous n'aimons pas les animaux.
· d Oui, nous aimons beaucoup les chats.

3 주어진 낱말들로 문장을 만드세요.

1. 우리는 강아지를 좋아하지 않는다
(chiens / aimons / pas / n' / les / nous)

____

2. 그들은 고양이를 많이 좋아한다.
(les / ils / beaucoup / aiment / chats)

____

3. 너희는 동물을 좋아하니?
(vous / animaux / les / aimez)

____

다음 문장을 프랑스어로 작문해 보세요.

1. 우리는 고양이를 좋아하지 않는다.

2. 그녀들은 동물을 좋아하지 않는다.

3. 그들은 강아지를 좋아하지 않는다.

주어진 명사를 활용하여 문장을 만들어 보세요.

lapin [라빵] n.m. 토끼 | oiseau [우아조] n.m. 새

Tip oiseau의 복수형은 단어 끝에 예외적으로 x를 붙입니다.

1. 우리는 토끼를 많이 좋아한다.
2. 너희는 새를 좋아하니?
3. 그들은 토끼를 좋아하지 않는다.
4. 그녀들은 새를 좋아하지 않는다.

정답

1 1. les chiens 2. les chats 3. les animaux

2 1. c 2. b 3. a 4. d

3 1. Nous n'aimons pas les chiens. 2. Ils aiment beaucoup les chats. 3. Vous aimez les animaux ?

4 1. Nous n'aimons pas les chats. 2. Elles n'aiment pas les animaux. 3. Ils n'aiment pas les chiens.

5 1. Nous aimons beaucoup les lapins. 2. Vous aimez les oiseaux ? 3. Ils n'aiment pas les lapins. 4. Elles n'aiment pas les oiseaux.

표현 더하기

▶ 오늘 배운 내용과 관련된 다양한 표현을 익혀 봐요!

좋아, 그래. (=OK)
D'accord. [다꼬흐]

d'accord는 영어의 OK와 유사한 표현입니다. 상대방의 말을 긍정하거나 상대방의 의견에 수긍할 때 사용합니다. '좋아, 그래'의 의사 표시를 할 때 주로 d'accord를 쓰지만 간혹 OK [오께]라고 짧게 표현할 수도 있으니 참고해 주세요.

클라라 선생님의 꿀팁

s 발음 팁을 알려드릴게요!

s는 본래 [ㅆ]으로 발음된다고 알려드렸습니다. 하지만 경우에 따라 **s**가 **z**로 발음되는 경우도 있는데요. 대표적으로 **s**가 모음과 모음 사이에 위치할 때 **z** 소리가 납니다. 아래 예시를 살펴 볼까요?

• **saison** [쎄종] **maison** [메종]

s로 끝나는 단어가 모음으로 시작하는 단어와 만나 연음 현상이 일어날 때도 **z** 소리가 납니다. 주어 복수 인칭과 모음으로 시작하는 동사가 만나면 **z**로 발음되는데, 아래 예를 보면 쉽게 이해할 수 있으실 거예요.

• **nous aimons** [누제몽] **vous aimez** [부제메]
ils aiment [일젬므] **elles aiment** [엘젬므]

오늘 배웠던 '정관사 복수 형태+모음'으로 시작하는 명사도 이 경우에 속한답니다.

• **les animaux** [레자니모] **les oiseaux** [레주아조]

France

문화 탐방 프랑스의 치즈

음식 문화

미식의 나라 프랑스를 대표하는 음식은 무엇이 있을까요? 고소하고 영양가가 풍부해 프랑스인들의 식탁에 항상 등장하는 음식, 치즈가 있습니다. 치즈는 전 지역에서 프랑스인들에게 널리 사랑받고 있는 음식인데요. 어떻게 만들어지게 되었는지 궁금하지 않으세요?

프랑스 전설에 따르면, 치즈는 조상들이 포유류의 위로 만든 가죽 주머니에 우유를 가득 담아 운반하던 중 우유를 응고시키는 효소와 우유가 자연스레 접촉하면서 만들어졌다고 합니다. 자연 발효된 치즈는 이 때 처음 발견된 것이죠. 지금은 프랑스에서 1,000가지가 넘는 치즈가 생산되고 있는데요. 그 중에서도 오늘은 한국인들의 입맛에 잘 맞는 프랑스의 대표 치즈 두 종류를 소개해 드리려고 합니다.

첫 번째로 수 세기에 걸쳐 대중들에게 사랑을 받고 있는 브리(Brie[브히]) 치즈를 소개합니다. 암소 젖을 베이스로 만들어지는 이 치즈는 그 크기와 무게, 발효 과정에 따라 여러 종류로 분류되는데요. 중세 시대 샤를마뉴 대제(Charlemagne)와 앙리 4세(Henri IV)가 가장 좋아하는 치즈로 이름을 알리며 '치즈계의 왕'이라는 별칭을 갖게 되었습니다. 레드와인과 환상의 궁합이니 와인을 좋아하시는 분들이라면 레드와인을 곁들여 보세요.

이번에는 평소에 치즈를 별로 즐기지 않는 분이라도 한 번쯤은 들어 보셨을 만한 치즈, 카망베르(Camembert [꺄멍베흐])를 소개합니다. 세계적으로 널리 알려져 있는 카망베르 치즈는 18세기 프랑스 노르망디에 속한 오른(Orne)에서 처음 만들어졌습니다. 프랑스 대혁명 당시 브리 출신의 사제가 한 농가에 피신을 한 후, 피신을 도와준 것에 대한 감사의 표시로 농가의 주인에게 치즈 제조법을 알려주게 됩니다. 그 사제의 제조법을 바탕으로 만들어진 치즈가 바로 카망베르예요. 오늘 식사 때 치즈 한 조각과 와인 한 잔 어떠세요?

Partie

08 나는 파리에 삽니다.

학습 목표 '나는 ~에 산다' 말하기

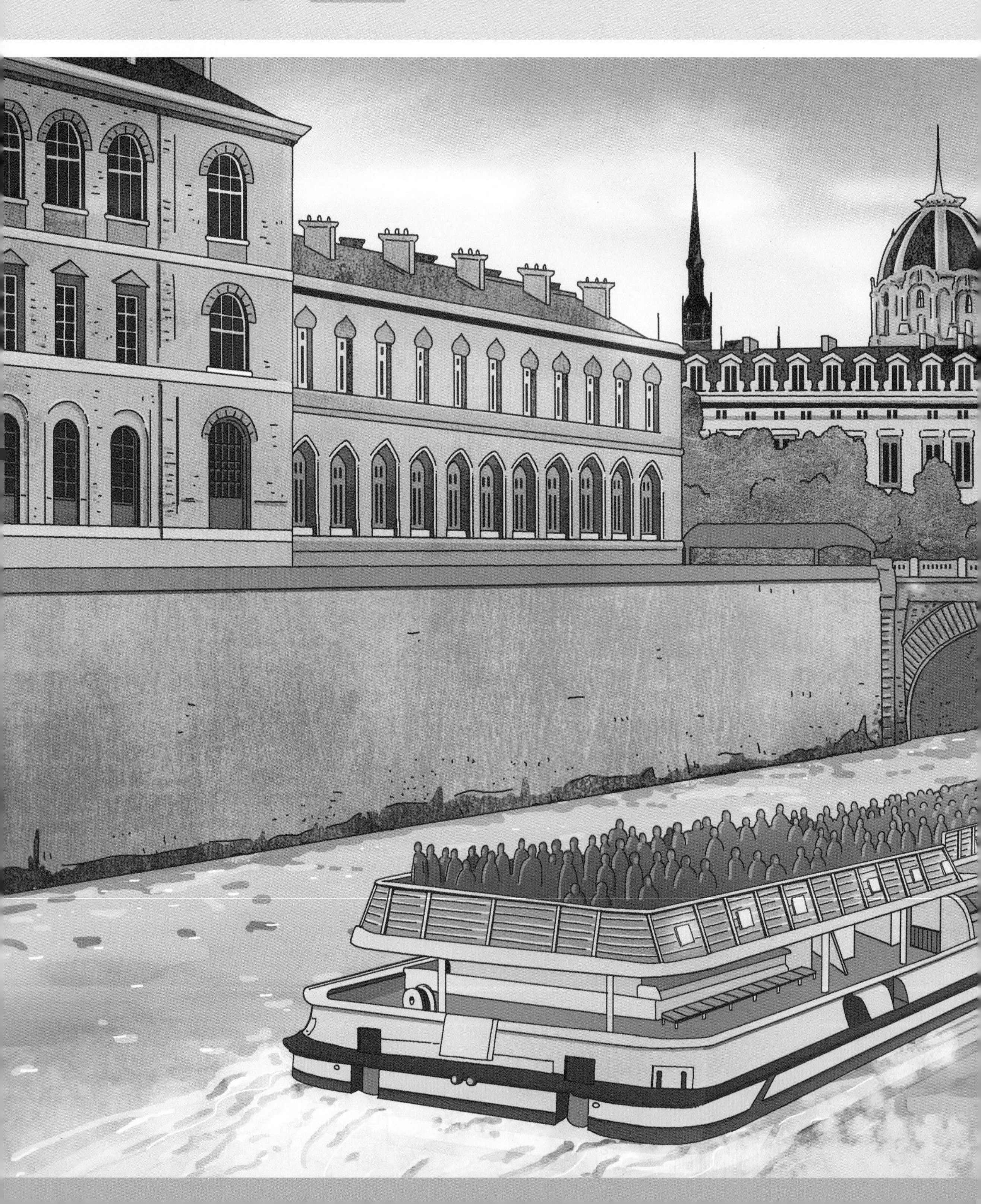

J'habite à Paris.

Leçon 17

J'habite à Paris.

나는 파리에 삽니다.

학습 목표

- HABITER(살다) 동사의 단수 인칭 변형 학습하기
- 전치사 À와 여러 도시명 활용하여 문장 만들기
- 내가 살고 있는 도시 말하기

학습 단어

Paris [빠히] 파리 | **Séoul** [쎄울] 서울 | **Tokyo** [도꾜] 도쿄 | **où** [우] 어디 | **très bien** [트헤 비앙] 아주 좋아!

ÉTAPE 01

지난 시간 떠올리기

▶ 지난 시간 학습했던 내용들을 떠올려 볼까요?

지난 시간까지 1군 aimer 동사와 여러 명사들을 활용하여 '나는 ~을 좋아한다, 그들은 ~을 좋아한다' 등 다양한 표현을 만들어 보았습니다. 오늘은 또 다른 1군 동사를 배워 볼 텐데요. 새로운 동사를 학습하기 전에, aimer 동사를 한번 더 복습해 봅시다.

1 좋아하다 aimer [에메] (복수 인칭 변형)

주어는	좋아한다
Nous	aimons [에몽]
Vous	aimez [에메]
Ils	aiment [엠므]
Elles	

2 부정문

주어는	좋아하지 않는다
Nous	n'aimons pas [네몽 빠]
Vous	n'aimez pas [네메 빠]
Ils	n'aiment pas [넴므 빠]
Elles	

3 명사

강아지들	고양이들	동물들
les chiens [레 쉬앙]	les chats [레 샤]	les animaux [레자니모]

오늘의 미션 학습이 끝나면 이 문장을 완벽하게 말할 수 있어요!

A: 너는 어디에 사니?

B: 나는 파리에 살아.

숫자 **17 dix-sept** [디쎄뜨]

오늘의 학습

▶ 오늘 배울 내용들을 살펴보고, 머릿속에 차곡차곡 담아 볼까요?

오늘은 1군 habiter 동사의 단수 인칭 변형을 배워 봅시다. habiter는 영어의 to live에 해당하는 동사로, 무음 h로 시작하기 때문에 주어와 동사 사이에 축약과 연음이 일어납니다. 지난 시간까지 배웠던 aimer 동사와 똑같죠? 주어의 축약은 je에서만 일어난다는 점, 다시 한번 떠올리면서 같이 배워 봅시다!

살다 habiter [아비떼] (단수 인칭 변형)

주어는	산다
J'	habite [쟈비뜨]
Tu	habites [아비뜨]
Il	habite [아비뜨]
Elle	

✔ 확인 체크 habiter 동사의 현재 시제 단수 인칭 변형을 떠올리면서 써 봅시다.

주어는	산다
J'	
Tu	
Il	
Elle	

도시에

habiter 동사를 제대로 활용하려면 장소를 나타내는 단어와 함께 사용하여 '(장소)에 산다'라는 문장도 만들 수 있어야겠죠? '나는 산다'에서 더 나아가 '나는 (도시)에 산다'라는 문장을 만들기 위해서 '(도시)에'라는 표현이 필요한데요. 이 표현은 전치사 à 뒤에 도시명만 붙이면 된답니다. 그럼 '파리, 서울, 도쿄'를 활용해서 문장을 만들어 볼까요?

à + 도시명
아

Tip 전치사 à는 '~에'를 의미하며, 도시명 앞에는 관사가 붙지 않습니다.

도시에 살다

habiter à + 도시명
아

파리	파리에
Paris [빠히]	à Paris [아 빠히]

- 나는 파리에 산다. → J'habite à Paris.
- 너는 파리에 산다. → Tu habites à Paris.
- 그는 파리에 산다. → Il habite à Paris.
- 그녀는 파리에 산다. → Elle habite à Paris.

Tip J'habite à Paris는 천천히 읽으면 [쟈비뜨 아 빠히]지만 빠르고 자연스럽게 이어 읽으면 [쟈비따 빠히]로 들립니다.

서울	서울에
Séoul [쎄울]	à Séoul [아 쎄울]

Tip 어두에 오는 s는 된소리로 발음해 줍니다.

- 나는 서울에 산다. → J'habite à Séoul.
- 너는 서울에 산다. → Tu habites à Séoul.
- 그는 서울에 산다. → Il habite à Séoul.
- 그녀는 서울에 산다. → Elle habite à Séoul.

부정문

habiter 동사는 무음 h로 시작하는 동사이므로 ne와 축약이 일어난다는 점을 기억하면서 '나는 ~에 살지 않는다'라는 표현을 함께 만들어 보도록 합시다. '도쿄'를 활용해서 만들어 볼까요 ?

주어는	살지 않는다
Je	n'habite pas [나비뜨 빠]
Tu	n'habites pas [나비뜨 빠]
Il	n'habite pas [나비뜨 빠]
Elle	

도쿄	도쿄에
Tokyo [도꾜]	à Tokyo [아 도꾜]

t는 [ㄸ] 소리가 나지만, 프랑스인들은 [또꾜]보다는 주로 [ㄷ]와 [ㅌ] 사이의 발음으로 [도꾜]라고 말합니다.

- 나는 도쿄에 살지 않는다. → Je n'habite pas à Tokyo.
- 너는 도쿄에 살지 않는다. → Tu n'habites pas à Tokyo.
- 그는 도쿄에 살지 않는다. → Il n'habite pas à Tokyo.
- 그녀는 도쿄에 살지 않는다. → Elle n'habite pas à Tokyo.

- 너는 어디에 사니? → Tu habites où ? (우)

où는 '어디'를 뜻하는 의문사입니다. 영어의 where에 해당합니다.

ÉTAPE 03

대화로 말해 보기

▶ 오늘 배운 문장들을 활용하여 대화를 나눠 봐요!

A | 너는 어디에 사니? → Tu habites où ?

B | 나는 파리에 살아. → J'habite à Paris.

A | 그는 도쿄에 사니? → Il habite à Tokyo ?

B | 아니, 그는 도쿄에 살지 않아. → Non, il n'habite pas à Tokyo.

그는 서울에 살아. Il habite à Séoul.

미션 확인 오늘의 핵심 문장을 완벽하게 외워 봅시다.

A: 너는 어디에 사니? → Tu habites où ?

B: 나는 파리에 살아. → J'habite à Paris.

ÉTAPE 04

연습 문제

▶ 문제를 풀어 보면서 공부한 내용들을 완전히 내 것으로 만들어 봐요!

1 제시된 단어를 전치사 또는 의문사를 사용해서 써 보세요.

1. 파리에 ______________________
2. 서울에 ______________________
3. 도쿄에 ______________________
4. 어디 ______________________

각 의문문에 알맞은 대답을 연결해 보세요.

1. Tu habites où ? ·	· a Non, elle n'habite pas à Séoul.
2. Il habite à Paris ? ·	· b Oui, j'habite à Tokyo.
3. Elle habite à Séoul ? ·	· c J'habite à Paris.
4. Tu habites à Tokyo? ·	· d Oui, il habite à Paris.

주어진 낱말들로 문장을 만들어 보세요.

1. 나는 파리에 살지 않는다. (n' / je / à / habite / pas / Paris)

____

2. 그녀는 어디에 사니? (elle / où / habite)

____

3. 그는 서울에 산다. (habite / Séoul / il / à)

____

4. 너는 파리에 살지 않는다. (tu / à / pas / Paris / n' / habites)

____

주어진 도시명을 활용하여 문장을 완성하세요

Madrid [마드히드] 마드리드 | Venise [브니즈] 베니스

1. 나는 마드리드에 산다. ____________________
2. 너는 베니스에 사니? ____________________
3. 그는 마드리드에 살지 않는다. ____________________
4. 그녀는 베니스에 산다. ____________________

다음 중 알맞은 문장을 골라 체크해 보세요.

1. 너는 어디에 사니?
   (a. Tu habites à Paris ? / b. Tu habites où ?)
2. 그는 마드리드에 살지 않는다.
   (a. Il n'habite pas à Madrid / b. Il n'habite pas à Venise.)
3. 그녀는 파리에 산다.
   (a. J'habite à Paris. / b. Elle habite à Paris.)
4. 너는 도쿄에 사니?
   (a. Tu habites à Tokyo ? / b. Tu habites à Séoul ?)

정답

1 1. à Paris 2. à Séoul 3. à Tokyo 4. où

2 1. c 2. d 3. a 4. b

3 1. Je n'habite pas à Paris. 2. Elle habite où ? 3. Il habite à Séoul. 4. Tu n'habites pas à Paris.

4 1. J'habite à Madrid. 2. Tu habites à Venise ? 3. Il n'habite pas à Madrid. 4. Elle habite à Venise.

5 1. b 2. a 3. b 4. a

표현 더하기

▶ 오늘 배운 내용과 관련된 다양한 표현을 익혀 봐요!

아주 좋아!
Très bien ! [트헤 비앙]

très는 '매우, 몹시'라는 뜻의 부사이고, bien은 '좋은'이라는 뜻의 형용사로, très bien은 영어의 very good에 해당하는 표현입니다. 강의에서 많이 사용되는 문장이죠? 칭찬을 하거나 강한 긍정을 나타낼 때 쓰는 일상 표현이므로 꼭 기억해 두었다가 사용해 보세요!

클라라 선생님의 꿀팁

프랑스 도시명을 말해 보아요!

오늘 강의에서 전치사 **à** 뒤에 도시명만 붙여 주면 '(도시)에'라는 표현이 된다는 것을 배웠습니다. 오늘 배운 도시명 외에도 여러 도시명을 알고 있으면 더 풍부하게 장소 표현을 할 수 있을 거예요. 그래서 이번에는 프랑스의 도시명을 다양하게 알려드리려고 합니다. 같이 읽어 볼까요?

- **Bordeaux** [보흐도] 보르도 ▸ **à Bordeaux** [아 보흐도] 보르도에
- **Marseille** [마흐쎄이으] 마르세유 ▸ **à Marseille** [아 마흐쎄이으] 마르세유에
- **Nantes** [넝뜨] 낭뜨 ▸ **à Nantes** [아 넝뜨] 낭뜨에
- **Nice** [니쓰] 니스 ▸ **à Nice** [아 니쓰] 니스에

도시명은 앞 글자를 대문자로 쓴다는 것, 다시 한번 상기해 주세요.

France

문화 탐방 호화로운 궁전의 대명사, 베르사유 궁전

건축 문화

총 2,300개의 방이 있는 베르사유(Versailles [베흐싸이으]) 궁전은 사실 처음엔 루이 13세의 사냥용 별장으로 지어졌답니다. 태양왕 루이 14세의 통치가 시작되면서 이곳은 서서히 호화스럽고 사치스러운 궁전으로 탈바꿈하게 되는데요. 이번에는 베르사유 궁전을 방문하게 되면 꼭 둘러봐야 할 장소들을 소개해 드릴게요.

먼저 베르사유의 명소인 거울의 방(Galerie des Glaces[갈르히 데 글라쓰])입니다. 이곳은 무려 357개의 거울이 설치되어 있는데요. 고풍스러운 회화 작품, 샹들리에로 뒤덮인 이 방은, 왕실 결혼식이나 무도회 같은 특별한 행사가 있을 때마다 사용되었던 곳입니다.

두 번째로 소개해 드릴 곳은 거대한 왕의 스테이트 아파트(Le Grand appartement du Roi [르 그헝 아빠흐뜨멍 뒤 후아])입니다. 비너스의 방, 아폴론의 방 등 그리스 신화에 등장하는 인물의 이름을 딴 7개의 방들이 위치한 곳입니다. 이곳은 왕이 일상을 보내고 연회를 베풀던 주요 공간이었기 때문에 몇몇 방의 벽 전체를 대리석으로 장식하고 천장화를 그리는 등 궁전 내부의 어느 곳보다도 호화스러운 장식이 눈에 띄는데요. 특히 아폴론의 방에는 루이 14세를 태양신 아폴론에 비유한 천장화와 그의 초상화도 전시되어 있답니다.

베르사유는 궁전 내부뿐 아니라 외부의 정원과 분수도 아주 아름답습니다. 궁전 바로 앞에 위치한 라토나 분수(bassin de Latone[바쌍 드 라똔느])와 루이 14세의 절대 권력을 상징하는 아폴론 분수(bassin d'Apollon[바쌍 다뽈롱]), 그리고 라토나 분수에서 대운하까지 길게 늘어진 푸른 잔디밭은 잠시 멈춰서 둘러봐야 하는 중요한 볼거리랍니다. 프랑스 절대 왕정의 상징이 된 베르사유 궁전, 꼭 방문해 보세요.

Leçon 18

Nous habitons à Pékin.

우리는 베이징에 삽니다.

학습 | 목표

- HABITER 동사의 복수 인칭 변형 학습하기
- 전치사 À와 여러 도시명 활용하여 문장 만들기

학습 | 단어

Pékin [뻬깡] 베이징 | **Londres** [롱드흐] 런던 | **Berlin** [베흘랑] 베를린 | **excellent(e)** [엑쎌렁(뜨)] adj. 훌륭한 | **parfait(e)** [빠흐페(뜨)] adj. 완벽한

지난 시간 떠올리기

▶ 지난 시간 학습했던 내용들을 떠올려 볼까요?

지난 시간에는 무음 h로 시작하는 1군 habiter 동사의 단수 인칭 변형을 배웠습니다. 모음으로 시작하는 동사와 마찬가지로 주어와 동사 간 축약과 연음이 생긴다는 것이 특징이었는데요. 단수 인칭에서 주어와 동사 간 축약은 je에서만 일어난다는 점을 다시 한번 떠올리면서 habiter 동사를 완벽하게 내 것으로 만들어 봅시다!

1 살다 habiter [아비떼] (단수 인칭 변형)

주어는	산다
J'	habite [쟈비뜨]
Tu	habites [아비뜨]
Il	habite [아비뜨]
Elle	

2 부정문

주어는	살지 않는다
Je	n'habite pas [나비뜨 빠]
Tu	n'habites pas [나비뜨 빠]
Il	n'habite pas [나비뜨 빠]
Elle	

3 도시에 (à + 도시명)

파리에	서울에	도쿄에
à Paris [아 빠히]	à Séoul [아 쎄울]	à Tokyo [아 도꾜]

오늘의 미션 학습이 끝나면 이 문장을 완벽하게 말할 수 있어요!

A: 너희는 어디에 사니?

B: 우리는 베이징에 살아.

✔ 숫자 **18 dix-huit** [디즈위뜨]

오늘의 학습

▶ 오늘 배울 내용들을 살펴보고, 머릿속에 차곡차곡 담아 볼까요?

이번에는 habiter 동사의 복수 인칭 변형을 배울 차례입니다. 모음이나 무음 h로 시작하는 동사는 복수 인칭에서 주어와 동사 간 연음이 일어납니다. z 발음에 신경을 쓰면서 읽어 볼까요?

살다 habiter [아비떼] (복수 인칭 변형)

주어는	산다
Nous	habitons [아비똥]
Vous	habitez [아비떼]
Ils	habitent [아비뜨]
Elles	

✔확인 체크 habiter 동사의 현재 시제 복수 인칭 변형을 떠올리면서 써 봅시다.

주어는	산다
Nous	✎
Vous	✎
Ils	✎
Elles	✎

도시에 살다

'도시에 살다'는 habiter 동사 뒤에 전치사 à와 도시명만 붙여 주면 됩니다. 도시명 앞에는 관사를 붙이지 않는다는 점도 꼭 머릿속에 넣어 주세요!

habiter à + 도시명
(à [아])

베이징	베이징에
Pékin [뻬깡]	à Pékin [아 뻬깡]

- 우리는 베이징에 산다. → Nous habitons à Pékin.
- 너희는 베이징에 산다. → Vous habitez à Pékin.
- 그들은 베이징에 산다. → Ils habitent à Pékin.
- 그녀들은 베이징에 산다. → Elles habitent à Pékin.

Tip ils/elles habitent à의 경우 천천히 읽으면 [일/엘 자비뜨 아]지만 빠르고 자연스럽게 읽으면 [일/엘 자비따]로 발음됩니다.

런던	런던에
Londres [롱드흐]	à Londres [아 롱드흐]

Tip Londres는 마지막에 s가 붙습니다. 주의해 주세요!

- 우리는 런던에 산다. → Nous habitons à Londres.
- 너희는 런던에 산다. → Vous habitez à Londres.
- 그들은 런던에 산다. → Ils habitent à Londres.
- 그녀들은 런던에 산다. → Elles habitent à Londres.

부정문

나의 주소를 잘못 알고 있는 사람에게는 부정문을 활용해서 '~에 살지 않아'라고 말할 수 있어야겠죠? 이번에는 독일의 수도 '베를린'을 활용해서 부정문을 만들어 봅시다.

주어는	살지 않는다
Nous	n'habitons pas [나비똥 빠]
Vous	n'habitez pas [나비떼 빠]
Ils	n'habitent pas [나비뜨 빠]
Elles	

 모음이나 무음 h로 시작하는 동사의 경우, 부정문을 만들 때 ne와 동사 사이에 축약이 일어납니다.

베를린	베를린에
Berlin [베흘랑]	à Berlin [아 베흘랑]

- 우리는 베를린에 살지 않는다. → Nous n'habitons pas à Berlin.
- 너희는 베를린에 살지 않는다. → Vous n'habitez pas à Berlin.
- 그들은 베를린에 살지 않는다. → Ils n'habitent pas à Berlin.
- 그녀들은 베를린에 살지 않는다. → Elles n'habitent pas à Berlin.

- 너희는 어디에 사니? → Vous habitez où ? (où: 우)

ÉTAPE 03

대화로 말해 보기

▶ 오늘 배운 문장들을 활용하여 대화를 나눠 봐요!

A | 너희는 어디에 사니? ➡ Vous habitez où ?

B | 우리는 베이징에 살아. ➡ Nous habitons à Pékin

A | 그녀들은 베를린에 사니? ➡ Elles habitent à Berlin ?

B | 아니, 그녀들은 베를린에 살지 않아. ➡ Non, elles n'habitent pas à Berlin.

그녀들은 런던에 살아. Elles habitent à Londres.

미션 확인 오늘의 핵심 문장을 완벽하게 외워 봅시다.

A: 너희는 어디에 사니? ➡ Vous habitez où ?

B: 우리는 베이징에 살아. ➡ Nous habitons à Pékin.

ÉTAPE 04 연습 문제

▶ 문제를 풀어 보면서 공부한 내용들을 완전히 내 것으로 만들어 봐요!

1 제시된 구를 전치사와 함께 보세요.

1. 베이징에 ______________________
2. 런던에 ______________________
3. 베를린에 ______________________

2 각 의문문에 알맞은 대답을 연결해 보세요.

1. Vous habitez où ? ·
2. Vous habitez à Pékin ? ·
3. Elles habitent à Berlin ? ·
4. Ils habitent à Londres ? ·

· a Oui, nous habitons à Pékin.
· b Non, elles n'habitent pas à Berlin.
· c Nous habitons à Pékin.
· d Oui, ils habitent à Londres.

3 주어진 낱말들로 문장을 만드세요.

1. 우리는 베이징에 살지 않는다. (n' / nous / à / habitons / pas / Pékin)

____

2. 그들은 어디에 사니? (habitent / où / ils)

____

3. 그녀들은 베를린에 산다. (elles / Berlin / à / habitent)

____

해석을 참고하여 프랑스어로 작문해 보세요.

1. 우리는 런던에 산다.

2. 그녀들은 베이징에 산다.

3. 그들은 베를린에 산다.

주어진 도시명을 활용하여 문장을 만들어 보세요.

Rome [홈므] 로마 | Bruxelles [브휘쎌] 브뤼셀

1. 우리는 로마에 산다.

2. 너희는 브뤼셀에 사니?

3. 그들은 로마에 살지 않는다.

4. 그녀들은 브뤼셀에 살지 않는다.

정답

1 1. à Pékin 2. à Londres 3. à Berlin

2 1. c 2. a 3. b 4. d

3 1. Nous n'habitons pas à Pékin. 2. Ils habitent où ? 3. Elles habitent à Berlin.

4 1. Nous habitons à Londres. 2. Elles habitent à Pékin. 3. Ils habitent à Berlin.

5 1. Nous habitons à Rome. 2. Vous habitez à Bruxelles ? 3. Ils n'habitent pas à Rome. 4. Elles n'habitent pas à Bruxelles.

표현 더하기

▶ 오늘 배운 내용과 관련된 다양한 표현을 익혀 봐요!

훌륭해!
Excellent ! [엑쎌렁]

완벽해!
Parfait ! [빠흐페]

excellent와 parfait 모두 제가 수업 시간에 자주 사용하는 표현들입니다. 강의를 들으시는 분들은 이미 익숙하실 텐데요. excellent와 parfait는 형용사로 각각 '훌륭한, 완벽한'이라는 뜻을 지니지만, 단독으로 감탄사처럼 사용하면 '훌륭해, 완벽해'라는 의미랍니다. 누군가를 칭찬할 때 편하게 쓸 수 있는 표현들이니, 자주 사용해 보세요. Excellent ! Parfait !

클라라 선생님의 꿀팁

뭐라고요? pardon ?

대화를 나눌 때 상대방의 말이 너무 빨라서 제대로 알아듣지 못한 경우, 또는 상대방이 너무 작게 얘기해서 이해하지 못한 경우, 다들 있으시죠? 프랑스어로 친구들과 대화를 할 때도 이러한 일들이 빈번하게 생기기 마련인데요. 이럴 때에는 뭐라고 해야 할까요?
아주 간단한 방법이 있습니다. '뭐라고요?' **pardon** [빠흐동]이라고 하면 '제대로 못 들었으니 다시 얘기해 달라는 의미'가 됩니다. 상대방이 조금 더 천천히 얘기해 주기를 바라는 경우에는 '천천히'에 해당하는 부사 **lentement** [렁뜨멍]을 활용해 '더 천천히 말해 줄 수 있나요?' **Vous pouvez parler plus lentement ?** [부 뿌베 빠흘레 쁠뤼 렁뜨멍]이라고 할 수 있습니다. 마지막으로 상대가 크게 얘기해 주기를 바란다면 '더 크게 말해 줄 수 있나요?' **Vous pouvez parler plus fort ?** [부 뿌베 빠흘레 쁠뤼 포흐]라고 하면 된답니다. 일상생활에서 유용하게 쓰이는 표현들이므로 잘 알아 두도록 해요!

France

문화 탐방 파리의 대중교통

교통 문화

'파리로 여행을 가면 어떤 대중교통을 이용해야 할까요?' 라고 묻는 분들이 많습니다. 전 세계 각지로부터 여행객들이 몰려오는 대표적인 관광 도시인 파리는 그 이름에 걸맞게 대중교통 시스템이 잘 구축되어 있어요. 그중 가장 대중적으로 사용되는 교통수단은 바로 지하철 métro [메트호]입니다.

파리에는 일반 지하철과 파리 외곽 지역까지 연결되는 광역 지하철 RER [에흐에흐]가 있습니다. 그래서 지하철을 이용해 파리 외곽 어느 곳이든 빠르고 쉽게 갈 수 있다는 것이 아주 큰 장점이랍니다. 하지만 일반 지하철 노선이 14개로 개수가 많아 헷갈리기 쉽고, 환승역을 잘 확인해야 한다는 특징이 있어요. 또 지하철 문이 열리고 닫히는 순간을 틈타 소매치기를 당할 수 있으니 소지품을 잘 간수해야 한답니다.

파리의 또 다른 교통수단으로는 버스 bus [뷔쓰]와 전차 tramway [트함웨이]가 있는데요. 바쁜 사람들로 붐비는 등하교 시간이나 출퇴근 시간만 피한다면 아름다운 파리의 일상 풍경을 즐기며 이동할 수 있답니다. 지하철에서 사용하는 티켓과 동일하므로 가까운 지하철역이나 주변 담배 가게 tabac [따바]에서 티켓을 구매할 수 있고, 만약 티켓을 사지 못했을 경우에는 버스나 전차에 승차하여 기사님에게서 직접 티켓을 살 수도 있습니다. 일주일 이상 여행하는 분들이 주로 사용하기에 적합한 충전식 교통카드 Navigo[나비고]를 사용하는 것도 좋은 방법이에요.

파리에 가신다면 여러 교통수단들을 골고루 이용해 보세요!

Leçon 19

Révision

복습

학습 목표
- 11강~18강까지 배운 내용들을 토대로 탄탄하게 기초 다지기
- 여러 동사들을 활용하여 인물 소개하기

학습 단어

Qui est-ce ? [끼에쓰] 누구니?/누구세요?

ÉTAPE 01

지난 시간 떠올리기

▶ 지난 시간 학습했던 내용들을 떠올려 볼까요?

오늘의 미션 학습이 끝나면 이 문장을 완벽하게 말할 수 있어요!

A: 누구니?

B: 이 사람은 Jina야.

✔ 숫자 **19 dix-neuf** [디즈뇌프]

복습1

배운 내용들을 완벽하게 마스터하는 복습 시간이 돌아왔습니다! 11강부터 18강까지 1군 규칙 동사들을 중심으로 살펴봤는데요. parler(말하다)를 시작으로 모음으로 시작하는 étudier(공부하다), aimer(좋아하다), 그리고 무음 h로 시작하는 habiter(살다)까지 다양한 동사들을 익혔습니다. 1군 동사라면 이제 어떤 동사원형이 주어지더라도 인칭에 따라 쉽게 변형 형태를 만들 수 있겠죠? 이번 복습 강의를 통해서 지금까지 배웠던 동사들을 단수부터 복수까지 완벽하게 머릿속에 새겨 봅시다. 한 번 배웠던 내용들이니 더 큰 소리로, 자신 있게 읽어 볼까요?

말하다 parler

주어는	말한다
Je	parle [빠흘르]
Tu	parles [빠흘르]
Il	parle [빠흘르]
Elle	
Nous	parlons [빠흘롱]
Vous	parlez [빠흘레]
Ils	parlent [빠흘르]
Elles	

공부하다 étudier

주어는	공부한다
J'	étudie [제뛰디]
Tu	étudies [에뛰디]
Il	étudie [에뛰디]
Elle	
Nous	étudions [에뛰디옹]
Vous	étudiez [에뛰디에]
Ils	étudient [에뛰디]
Elles	

1) 언어명

한국어	프랑스어	일본어
le coréen [르 꼬헤앙]	le français [르 프헝쎄]	le japonais [르 쟈뽀네]

영어	중국어
l'anglais [렁글레]	le chinois [르 쉬누아]

Tip parler 동사를 제외한 다른 동사 뒤에 언어명이 올 때는 항상 관사가 붙습니다.

2) 언어를 말하다 ▸ parler + 언어명

- 한국어를 말하다 → parler coréen
- 프랑스어를 말하다 → parler français
- 일본어를 말하다 → parler japonais
- 중국어를 말하다 → parler chinois
- 영어를 말하다 → parler anglais

3) 언어를 공부하다 ▸ étudier + le 언어명

étudier 동사 뒤에 언어명이 올 때는 parler 동사와는 다르게 정관사 le가 꼭 붙어야 한다는 점, 잘 기억하고 있죠?

✔ 한국어를 공부하다	→ étudier le coréen
✔ 프랑스어를 공부하다	→ étudier le français
✔ 일본어를 공부하다	→ étudier le japonais
✔ 중국어를 공부하다	→ étudier le chinois
✔ 영어를 공부하다	→ étudier l'anglais

좋아하다 aimer

주어는	좋아한다
J'	aime [젬므]
Tu	aimes [엠므]
Il	aime [엠므]
Elle	
Nous	aimons [에몽]
Vous	aimez [에메]
Ils	aiment [엠므]
Elles	

1) 명사

지금까지 배웠던 남성 명사, 여성 명사, 그리고 복수 명사들을 살펴봅시다. 기호를 나타내는 동사 뒤에 명사가 오는 경우, 남성 명사 앞에는 le, 여성 명사 앞에는 la, 복수 명사 앞에는 les가 붙습니다. 복수 명사의 경우 명사의 뒤에 s를 붙이는 것도 절대 잊으시면 안 돼요! (예외: les animaux)

운동	음악	커피
le sport [르 스뽀흐]	la musique [라 뮈지끄]	le café [르 까페]

강아지들	고양이들	동물들
les chiens [레 쉬앙]	les chats [레 샤]	les animaux [레자니모]

2) ~을 좋아하다 ▸ aimer + 정관사 + 명사

- 운동을 좋아하다 → aimer le sport
- 음악을 좋아하다 → aimer la musique
- 커피를 좋아하다 → aimer le café

- 강아지를 좋아하다 → aimer les chiens
- 고양이를 좋아하다 → aimer les chats
- 동물을 좋아하다 → aimer les animaux

살다 habiter

주어는	산다
J'	habite [쟈비뜨]
Tu	habites [아비뜨]
Il	habite [아비뜨]
Elle	
Nous	habitons [아비똥]
Vous	habitez [아비떼]
Ils	habitent [아비뜨]
Elles	

1) 도시에

도시명은 고유 명사이므로 첫 글자를 꼭 대문자로 써야 합니다. 스펠링은 어느 정도 익숙하지만 발음은 생소했던 여러 나라의 도시명들을 확실하게 마스터해 봅시다!

파리에	서울에	도쿄에
à Paris [아 빠히]	à Séoul [아 쎄울]	à Tokyo [아 도꾜]

베이징에	런던에	베를린에
à Pékin [아 뻬깡]	à Londres [아 롱드흐]	à Berlin [아 베흘랑]

2) ~에 살다 ▸ habiter à + 도시명

- 파리에 살다 → habiter à Paris
- 서울에 살다 → habiter à Séoul
- 도쿄에 살다 → habiter à Tokyo
- 베이징에 살다 → habiter à Pékin
- 런던에 살다 → habiter à Londres
- 베를린에 살다 → habiter à Berlin

인물 소개하기

이번 복습 강의는 바로 이 코너를 위해 존재한다고 할 수 있습니다. 지금까지 배운 내용을 바탕으로 인물을 소개하는 시간을 가져 볼 텐데요. 소개하는 인물이 누구인지, 어디에 살며 어떤 언어를 공부하고 말하는지, 또 무엇을 좋아하는지 자세하게 한번 이야기해 보도록 합시다. 누군가가 나에게 'C'est qui ?' 또는 이번 시간에 배울 'Qui est-ce ?'라고 물으면, 'C'est (이름)'으로 대답하면 됩니다. 같이 해 볼까요?

(이 사람은) 누구니? / 누구세요?

▸ **C'est qui ? = Qui est-ce ?**
쎄 끼 끼 에쓰

Tip C'est로 물으면 C'est로 대답합니다.

Jina	→ C'est Jina.
서울에 살고 있음.	→ Elle habite à Séoul.
프랑스어를 공부함.	→ Elle étudie le français.
한국어와 프랑스어를 말함.	→ Elle parle coréen et français.
음악을 좋아함.	→ Elle aime la musique.

Louis	→ C'est Louis.
베이징에 살고 있음.	→ Il habite à Pékin.
중국어를 공부함.	→ Il étudie le chinois.
영어와 중국어를 말함.	→ Il parle anglais et chinois.
운동과 커피를 좋아함.	→ Il aime le sport et le café.

ÉTAPE 03 대화로 말해 보기

▶ 오늘 배운 문장들을 활용하여 대화를 나눠 봐요!

A | (이 사람은) 누구니? → Qui est-ce ?

B | 이 사람은 Jean야. → C'est Jean.

그는 런던에 살고 있어. Il habite à Londres.

그는 프랑스어를 공부해. Il étudie le français.

그는 영어와 프랑스어를 말해. Il parle anglais et français.

그는 운동을 좋아하지 않아. Il n'aime pas le sport.

미션 확인

오늘의 핵심 문장을 완벽하게 외워 봅시다.

A: 누구니? → Qui est-ce ?

B: 이 사람은 Jina야. → C'est Jina.

ÉTAPE 

연습 문제

▶ 문제를 풀어 보면서 공부한 내용들을 완전히 내 것으로 만들어 봐요!

해석을 참고하여 프랑스어로 소개하는 글을 써 보세요.

1. 누구니? / 누구세요? ____________________

   이 사람은 Miki입니다. ____________________

   그녀는 베를린에 삽니다. ____________________

   그녀는 일본어와 독일어를 말합니다. ____________________

   그녀는 중국어를 공부합니다. ____________________

   그녀는 운동을 좋아합니다. ____________________

2. 이 사람은 Pierre입니다. ____________________

   그는 파리에 삽니다. ____________________

   그는 프랑스어와 중국어를 말합니다. ____________________

   그는 일본어를 공부합니다. ____________________

   그는 음악과 커피를 좋아합니다. ____________________

2 인칭과 수에 주의하여 프랑스어로 소개하는 글을 써 보세요.

1. Clara(여) + Jean(남)

   그들은 서울에 삽니다. ____________________

   그들은 한국어와 프랑스어를 말합니다. ____________________

   그들은 영어를 공부합니다. ____________________

   그들은 강아지를 좋아합니다. ____________________

2. Marie(여) + Juliette(여)

그녀들은 마드리드에 삽니다. ____________________

그녀들은 스페인어와 프랑스어를 말합니다. ____________________

그녀들은 한국어를 공부합니다. ____________________

그녀들은 동물을 좋아합니다. ____________________

3 주어진 낱말들로 문장을 만드세요.

1. 그들은 마드리드에 산다. (à / ils / Madrid / habitent)

____

2. 그녀는 고양이를 많이 좋아한다. (Elle / beaucoup / chats / les / aime)

____

3. 나는 일본어와 스페인어를 공부한다. (le / l' / j' / espagnol / japonais / étudie / et)

____

정답

1 1. C'est qui ?, Qui est-ce ? / C'est Miki. / Elle habite à Berlin. / Elle parle japonais et allemand. / Elle étudie le chinois. / Elle aime le sport. 2. C'est Pierre. / Il habite à Paris. / Il parle français et chinois. / Il étudie le japonais. / Il aime la musique et le café.

2 1. Ils habitent à Séoul. / Ils parlent coréen et français. / Ils étudient l'anglais. / Ils aiment les chiens. 2. Elles habitent à Madrid. / Elles parlent espagnol et français. / Elles étudient le coréen. / Elles aiment les animaux.

3 1. Ils habitent à Madrid. 2. Elle aime beaucoup les chats. 3. J'étudie le japonais et l'espagnol.

십자말풀이

▶ les mots croisés

가로풀이

1. '검정의'를 뜻하는 색 형용사 남성형
3. '많이'를 뜻하는 부사
5. '살다' 동사의 3인칭 복수형
7. '동물들'을 뜻하는 복수 명사
9. '프랑스어'를 뜻하는 명사

세로풀이

2. 친한 사이에서 헤어질 때 하는 인사
4. '강아지들'을 뜻하는 복수 명사
6. '매우, 몹시'를 뜻하는 부사
8. '중국어'를 뜻하는 명사
10. 스페인의 수도 마드리드

가로 정답 ① NOIR ③ BEAUCOUP ⑤ HABITENT ⑦ ANIMAUX ⑨ FRANÇAIS
세로 정답 ② CIAO ④ CHIENS ⑥ TRÈS ⑧ CHINOIS ⑩ MADRID

클라라 선생님의 꿀팁

'살다' 동사에 대해 알아봅시다

프랑스어는 '살다'라는 뜻의 동사가 두 가지로 존재한다는 사실, 알고 있으신가요? 영어는 **to live** 로 '거주하다'와 '인생을 산다'라는 두 가지 의미를 전부 나타낼 수 있지만, 프랑스어는 이 두 가지 의미를 갖는 동사가 각각 구분되어 있습니다. '거주한다'는 느낌으로서의 '살다'는 우리가 배운 **habiter** 동사를 사용하고, '인생을 산다'는 의미로서의 '살다'는 **vivre** 동사를 사용한답니다.

• vivre ▸ (삶을) 살다(3군 불규칙 동사)

France

문화 탐방 바다 한가운데의 신비로운 섬, 몽생미셸

지역 탐방

노르망디(Normandie) 지역을 떠올리면 가장 먼저 생각나는 신비스러운 명소 몽생미셸(Mont Saint-Michel)이 있습니다. 광활한 만 위에 우뚝 솟은 화강암 바위 섬으로 조수간만에 의해 육지와 연결되는 몽생미셸은 썰물일 때는 그저 허허벌판에 위치한 외로운 건축물처럼 보이지만 밀물이 들어오면 바다 위에 떠 있는 아름다운 섬이 된답니다. 심지어 날씨가 흐릴 때는 자욱한 안개에 가려진 건축물이 하늘에 떠 있는 것처럼 보여서 신비로운 느낌을 주기도 하죠. 영화 속에서나 볼 법한 경관을 자랑하는 몽생미셸, 이 수도원의 역사는 중세 시대로 거슬러 올라갑니다.

전설에 따르면, 708년 성 미카엘 대천사가 아브랑슈(Avranches [아브헝슈]) 지역의 한 주교의 꿈에 나타나 자신의 이름으로 성소를 만들라는 메시지를 전했고, 966년도에 계시를 받은 주교의 이야기를 받들어 베네딕트회가 이 곳에 첫 교회를 건설하게 되었다고 합니다. 그래서 이 섬의 이름이 '미카엘 천사의 언덕'이라는 의미를 갖는 몽생미셸(Mont Saint-Michel)이 된 것이죠. 그 이후 11세기 로마네스크 양식의 대성당과 수도원이 추가로 지어졌으며, 13세기에는 고딕 양식의 회랑이 더해졌습니다. 이렇게 각 세기마다 다른 양식으로 증축을 거듭해 온 몽생미셸은 오늘날 프랑스 역사의 흐름을 눈으로 경험할 수 있는 프랑스의 대표 문화유산으로 자리 잡고 있습니다. 더불어 유네스코가 지정한 세계적인 문화유산이기도 하죠.

지금은 수도원으로 자리매김했지만 과거에는 프랑스군의 요새로, 프랑스 혁명 당시에는 감옥으로 쓰이기도 한 몽생미셸은 노르망디 지역을 찾는 많은 관광객들에게 큰 사랑을 받고 있는 명소입니다. 성곽의 내부에는 시대적 향기를 고스란히 머금고 있는 중세 마을도 있으니, 꼭 들러서 구경도 하고 예쁜 사진도 남겨 보세요!

Partie 09

나는 카페에 갑니다.

학습 목표 '나는 ~에 간다' 말하기

LES DEUX MAGOTS
LES DEUX MAGOTS
Je vais au café.

Leçon 20

Je vais en France.

나는 프랑스에 갑니다.

학습 목표

- ALLER(가다) 동사의 단수 인칭 변형 학습하기
- 전치사 EN과 여성 국가명 활용하여 문장 만들기

학습 단어

France [프헝스] n.f. 프랑스 | **Corée** [꼬헤] n.f. 한국 | **Chine** [쉰느] n.f. 중국 | **Ça va ?** [싸 바] 잘 지내?(질문과 대답에 모두 쓰임)

지난 시간 떠올리기

▶ 지난 시간 학습했던 내용들을 떠올려 볼까요?

지난 복습 강의에서는 우리가 배웠던 내용들을 바탕으로 인물을 자세하게 소개하는 시간을 가졌습니다. 인물에 대해 '누구니?'라고 물을 때 쓸 수 있는 표현 두 가지를 활용해서 질문도 해 보고 그에 대한 다양한 답도 해 보았는데요. 영어의 who is it?에 해당하는 이 표현, 다시 한번 훑어보고 넘어가도록 합시다!

인물 소개하기

(이 사람은) 누구니? / 누구세요?

▸ **C'est qui ? = Qui est-ce ?**
쎄 끼 끼 에쓰

오늘의 미션 학습이 끝나면 이 문장을 완벽하게 말할 수 있어요!

A: 너는 어디에 가니?

B: 나는 프랑스에 가.

✔ 숫자 **20 vingt** [방]

오늘의 학습

▶ 오늘 배울 내용들을 살펴보고, 머릿속에 차곡차곡 담아 볼까요?

자, 오늘은 새로운 파트를 시작하는 날입니다. 지금까지 1군 규칙 동사들을 배웠다면, 오늘은 3군 불규칙 동사인 aller 동사를 배울 거예요. 어미 변형이 불규칙하기 때문에 하나하나 외워야 한다는 까다로움이 있지만, aller 동사는 영어의 to go처럼 현재 시제뿐 아니라 근접 미래를 나타낼 때도 활용되는 매우 유용한 동사랍니다. 그러니 꼭 정확하게 알고 지나가야 해요! 그럼 지금부터 3군 불규칙 동사 aller를 배워 볼까요?

가다 aller [알레] (단수 인칭 변형)

주어는	간다
Je	vais [베]
Tu	vas [바]
Il	va [바]
Elle	

Tip v 발음은 아랫입술을 가볍게 깨물고 진동하는 느낌으로 발음해 줍니다.

✔ 확인 체크 aller 동사의 현재 시제 단수 인칭 변형을 떠올리면서 써 봅시다.

주어는	간다
Je	
Tu	
Il	
Elle	

도시에 à[아] + 도시명

aller 동사를 활용하여 '나는 ~에 간다'라는 이야기도 할 수 있으면 좋겠죠? 우리가 배웠던 도시명과 주어 단수 인칭을 활용해서 '나는 (도시)에 간다'라는 표현을 해 보도록 합시다. 도시명 앞에는 관사가 붙지 않는다는 점을 기억하면서 같이 문장을 만들어 볼까요?

도시에 가다 : **aller + à** 도시명

파리에	서울에
à Paris [아 빠히]	à Séoul [아 쎄울]

나는 파리에 간다.	Je vais à Paris.
너는 파리에 간다.	Tu vas à Paris.
그는 서울에 간다.	Il va à Séoul.
그녀는 서울에 간다.	Elle va à Séoul.

3 나라에 en + 여성 국가
(en: 엉)

이번에는 국가명을 활용해서 동사와 함께 문장을 만들어 보겠습니다. 모든 명사는 남성 명사와 여성 명사로 나뉜다고 했으니, 국가도 남성 국가와 여성 국가로 나뉘겠죠? 국가의 성은 따로 정해진 규칙이 없기 때문에 이름을 외울 때마다 성도 꼭 함께 외워야 한답니다. 그리고 '(여성 국가)에 간다'라고 할 때는 여성 국가명 앞에만 붙는 전치사 en을 붙여야 합니다. 오늘은 여성 국가명 3가지를 알려드릴 거예요. 같이 배워 볼까요?

나라에 가다 : aller + en 여성 국가

프랑스	프랑스에
la France [라 프헝쓰]	en France [엉 프헝쓰]

나는 프랑스에 간다.	Je vais en France.
너는 프랑스에 간다.	Tu vas en France.
그는 프랑스에 간다.	Il va en France.
그녀는 프랑스에 간다.	Elle va en France.

한국	한국에
la Corée [라 꼬헤]	en Corée [엉 꼬헤]

- 나는 한국에 간다. → Je vais en Corée.
- 너는 한국에 간다. → Tu vas en Corée.
- 그는 한국에 간다. → Il va en Corée.
- 그녀는 한국에 간다. → Elle va en Corée.

부정문

aller 동사 앞뒤로 ne pas를 붙여서 '나는 ~에 가지 않는다'라는 부정 표현도 해 봅시다.

주어는	가지 않는다
Je	ne vais pas [느 베 빠]
Tu	ne vas pas [느 바 빠]
Il	ne va pas [느 바 빠]
Elle	

중국	중국에
la Chine [라 쉬느]	en Chine [엉 쉬느]

- 나는 중국에 가지 않는다. → Je ne vais pas en Chine.
- 너는 중국에 가지 않는다. → Tu ne vas pas en Chine.
- 그는 중국에 가지 않는다. → Il ne va pas en Chine.
- 그녀는 중국에 가지 않는다. → Elle ne va pas en Chine.

- 너는 어디에 가니? → Tu vas où ?

'너는 간다 tu vas' 뒤에 '어디'에 해당하는 의문사 où가 붙으면 '너는 어디에 가니?'라는 표현이 완성됩니다.

ÉTAPE 03 대화로 말해 보기

▶ 오늘 배운 문장들을 활용하여 대화를 나눠 봐요!

A	너는 어디에 가니?	→ Tu vas où ?
B	나는 프랑스에 가. 그는 중국에 가니?	→ Je vais en France. Il va en Chine ?
A	아니, 그는 중국에 가지 않아. 그는 한국에 가.	→ Non, il ne va pas en Chine. Il va en Corée.

미션 확인 오늘의 핵심 문장을 완벽하게 외워 봅시다.

A: 너는 어디에 가니? → Tu vas où ?

B: 나는 프랑스에 가. → Je vais en France.

ÉTAPE 

연습 문제

▶ 문제를 풀어 보면서 공부한 내용들을 완전히 내 것으로 만들어 봐요!

1 제시된 구를 프랑스어로 써 보세요.

1. 프랑스에 ______________________
2. 한국에 ______________________
3. 중국에 ______________________

2 주어진 낱말들로 문장을 만드세요.

1. 너는 어디에 가니? (vas / tu / où)

____

2. 그는 한국에 가지 않는다. (en / pas / il / va / ne / Corée)

____

3. 그녀는 중국에 간다. (Chine / elle / en / va)

____

3 해석을 참고하여 프랑스어로 작문해 보세요.

1. 나는 프랑스에 가지 않는다.

____

2. 그녀는 한국에 가지 않는다.

____

3. 너는 중국에 가지 않는다.

____

4. 그는 프랑스에 가지 않는다.

____

주어진 국가 명사를 활용하여 문장을 만들어 보세요.

Espagne [에스빤뉴] n.f. 스페인

Tip '스페인에 en Espagne'에서 전치사 en와 Espagne는 [어네스빤뉴]로 연음합니다.

1. 나는 스페인에 간다. ____________________
2. 그는 스페인에 가지 않는다. ____________________
3. 그녀는 스페인에 가니? ____________________
4. 너는 스페인에 가지 않는다. ____________________

다음 중 알맞은 문장을 골라 체크해 보세요.

1. 너는 어디에 가니?
   (a. Tu vas en Corée ? / b. Tu vas où ?)
2. 나는 스페인에 간다.
   (a. Je vais en Espagne. / b. Elle va en Espagne.)
3. 그녀는 중국에 가지 않는다.
   (a. Elle ne va pas en Chine. / b. Elle ne va pas en France.)
4. 그는 프랑스에 간다.
   (a. Il va en Corée. / b. Il va en France.)

정답

1 1. en France 2. en Corée 3. en Chine

2 1. Tu vas où ? 2. Il ne va pas en Corée. 3. Elle va en Chine.

3 1. Je ne vais pas en France. 2. Elle ne va pas en Corée. 3. Tu ne vas pas en Chine. 4. Il ne va pas en France.

4 1. Je vais en Espagne. 2. Il ne va pas en Espagne. 3. Elle va en Espagne ? 4. Tu ne vas pas en Espagne.

5 1. b 2. a 3. a 4. b

표현 더하기

▶ 오늘 배운 내용과 관련된 다양한 표현을 익혀 봐요!

잘 지내?
Ça va ? [싸 바]

잘 지내!
Ça va ! [싸 바]

ça va ?는 영어의 How are you?에 해당하는 표현입니다. 글자는 동일하지만, 억양에 따라서 질문이 될 수도 있고 대답이 될 수도 있답니다. 질문을 할 때와 대답을 할 때가 확실하게 구분되도록 억양에 더욱 신경 써 주세요!

클라라 선생님의 꿀팁

여성 국가 앞에는...?

여러분 중에는 '~에'에 해당하는 전치사는 **à**인데 어째서 '(여성 국가)에 가다'라는 표현에는 전치사 **en**이 붙는 거지?"와 같은 의문을 품는 분들이 분명 계실 거예요.

'전치사 **à** 뒤에 **la France**를 붙여서 **à la France**라고 쓰면 '프랑스에'라는 뜻이 되지 않을까?'라고 생각할 수도 있지만, 이 경우에는 꼭 전치사 **en**을 사용하여 **en France**라고 써야 한답니다. 그 이유는 바로 **en France**에 쓰인 전치사 **en**이 여성 국가명 앞에서만 쓰이는 고유 전치사이기 때문이에요.

앞으로 '프랑스에, 프랑스로'처럼 '(여성 국가)에'라는 표현을 할 때에는 꼭 전치사 **à**가 아닌 **en**을 사용해 주세요!

France

문화 탐방 프랑스의 삼색기

국기 유래

삼색으로 이루어진 프랑스 국기를 본 적 있으신가요? 프랑스의 국기는 파랑, 하양, 빨강이 세로로 줄지어 이어진 형태인데요. 혁명과 관련된 깊은 역사를 담고 있는 삼색기는 오늘날 프랑스의 공식 민간 행사나 군대 행사에 늘 등장한답니다. 이미 눈치채셨겠지만, 이 색들은 각각 의미하는 바가 있습니다. 파란색은 자유(liberté [리베흐떼]), 하얀색은 평등(égalité [에갈리떼]), 그리고 빨간색은 박애(fraternité [프하떼흐니떼])를 상징합니다.

프랑스의 정치가이자 혁명가였던 라파예트(La Fayette)의 말에 따르면, 프랑스의 삼색기는 모자에 달던 휘장이었습니다. 바스티유 습격 3일 후 루이 16세를 파리 시청에 출석하도록 한 다음 부르봉 왕조를 나타내는 흰색, 파리를 상징하는 빨강과 파랑을 상징하는 휘장을 달도록 했습니다. 이로써 존엄하고 영원한 군주와 민중의 연합이 이루어짐을 상징적으로 드러낸 것이죠.

프랑스의 삼색기는 1794년 2월 15일이 되어서야 최종적인 형태를 이루게 됐습니다. 하지만 1814년부터 1830까지 왕정이 다시 이루어지면서 삼색기는 사라지게 되었죠. 그 후 1830년 7월 혁명 당시, 샤를 10세(Charles X)의 절대 왕조에 대한 반란을 표현하기 위해 삼색기를 게양했습니다. 그리고 '평등한 자의 아들'이라 불렸던 프랑스의 마지막 왕 루이 필리프(Louis-Philippe)를 통해 다시 한 번 공식적으로 프랑스의 국기가 파랑, 하양, 빨강으로 이루어진 삼색기로 지정되었답니다.

자유, 평등, 박애를 상징하는 프랑스의 삼색기, 그 색들과 상징을 프랑스어로 한번 외워 볼까요?

파란색 : 자유 **liberté** [리베흐떼] | 하얀색 : 평등 **égalité** [에갈리떼] |
빨간색 : 박애 **fraternité** [프하떼흐니떼]

Leçon 21

Nous allons au Japon.

우리는 일본에 갑니다.

학습 목표
- ALLER 동사의 복수 인칭 변형 학습하기
- 전치사 AU(X)와 남성, 복수 국가명을 활용하여 문장 만들기

학습 단어
Japon [쟈뽕] n.m. 일본 | **Canada** [꺄나다] n.m. 캐나다 | **États-Unis** [에따쥐니] n.m.pl. 미국 | **s'il vous plaît** [씰 부 쁠레] 저기요 / 부탁합니다

지난 시간 떠올리기

▶ 지난 시간 학습했던 내용들을 떠올려 볼까요?

지난 강의에서는 프랑스어에서 매우 중요한 3군 aller 동사의 단수 인칭 변형에 대해 배웠습니다. 오늘 배울 내용을 살펴보기 전에 지난 학습 내용을 마스터해 봅시다. aller 동사가 학습하기 까다로운 3군 불규칙 동사인 만큼, 빨리 익숙해질 수 있도록 한 번 더 읽고 외워 주세요! v 발음에 유의하면서 읽어 봅시다.

1 가다 aller [알레] (단수 인칭 변형)

주어는	간다
Je	vais [베]
Tu	vas [바]
Il	va [바]
Elle	

2 부정문

주어는	가지 않는다
Je	ne vais pas [느 베 빠]
Tu	ne vas pas [느 바 빠]
Il	ne va pas [느 바 빠]
Elle	

3 나라에 en + 여성 국가

'(여성 국가)에'라고 할 때는 여성 국가 앞에 전치사 en이 붙는다는 것, 잘 기억하고 있죠? 여성 국가명 앞에만 붙는 전치사 en을 떠올리면서 '프랑스에, 한국에, 중국에'를 만들어 봅시다.

프랑스에	한국에	중국에
en France [엉 프헝쓰]	en Corée [엉 꼬헤]	en Chine [엉 쉰느]

오늘의 미션 학습이 끝나면 이 문장을 완벽하게 말할 수 있어요!

A: 너희는 어디에 가니?

B: 우리는 일본에 가.

✔ 숫자 **21 vingt et un** [방떼 앙]

오늘의 학습

▶ 오늘 배울 내용들을 살펴보고, 머릿속에 차곡차곡 담아 볼까요?

영어의 to go에 해당하는 aller 동사의 복수 인칭 변형을 배워 봅시다. nous와 vous 인칭에서 동사 변형이 모음으로 시작하므로 꼭 주어와 동사 사이에 연음을 해 주어야 합니다. 1군 동사와는 다르게 3군 불규칙 aller 동사는 동사원형과 비슷한 변형도 있지만 전혀 다른 변형도 있으니 주의가 필요해요!

가다 aller [알레] (복수 인칭 변형)

주어는	간다
Nous	allons [알롱]
Vous	allez [알레]
Ils	vont [봉]
Elles	

Tip nous allons [누잘롱]과 vous allez [부잘레]는 연음해 줍니다.

✔ 확인 체크 aller 동사의 현재 시제 복수 인칭 변형을 떠올리면서 써 봅시다.

주어는	간다
Nous	
Vous	
Ils	
Elles	

나라에 au 오 + 남성 국가

지난 시간에는 여성 국가들을 배웠습니다. 여성 국가를 배웠으니 남성 국가도 배워야겠죠? 남성 국가인 '일본과 캐나다'를 활용하여 '(남성 국가)에 가다'라는 문장을 함께 만들어 봅시다. 여성 국가명 앞에는 전치사 en을 붙였지만, 남성 국가명 앞에는 au를 붙여 줍니다.

나라에 가다 : aller + au 남성 국가

일본	일본에
le Japon [르 쟈뽕]	au Japon [오 쟈뽕]

- 우리는 일본에 간다. → Nous allons au Japon.
- 너희는 일본에 간다. → Vous allez au Japon.
- 그들은 일본에 간다. → Ils vont au Japon.
- 그녀들은 일본에 간다. → Elles vont au Japon.

캐나다	캐나다에
le Canada [르 꺄나다]	au Canada [오 꺄나다]

- 우리는 캐나다에 간다. → Nous allons au Canada.
- 너희는 캐나다에 간다. → Vous allez au Canada
- 그들은 캐나다에 간다. → Ils vont au Canada.
- 그녀들은 캐나다에 간다. → Elles vont au Canada.

3 부정문

모음으로 시작하는 동사 변형은 부정문에서 ne와의 모음 축약에 주의해야 합니다. 동사 앞뒤로 ne pas 를 붙여 '~는 가지 않는다'라는 표현을 해 봅시다.

주어는	가지 않는다
Nous	n'allons pas [날롱 빠]
Vous	n'allez pas [날레 빠]
Ils	ne vont pas [느 봉 빠]
Elles	

나라에 aux + 복수 국가
(aux 아래 발음 표기: 오)

여성 국가, 남성 국가에 이어 마지막으로 복수 국가를 알려드리겠습니다. 대표적인 복수 국가로는 '미국'이 있는데요. 미국은 여러 개의 주가 모여 하나의 나라를 이루기 때문에 복수형으로 표현합니다. 모음으로 시작하는 단어들의 합성어이므로 연음에 주의하며 읽어 보도록 합시다. 참고로, '(복수 국가)에 가다'라고 할 때는 복수 국가 앞에 aux를 써야 한다는 점, 기억해 주세요!

나라에 가다 : aller + aux 복수 국가

미국	미국에
les États-Unis [레제따쥐니]	aux États-Unis [오제따쥐니]

- 우리는 미국에 가지 않는다. → Nous n'allons pas aux États-Unis.
- 너희는 미국에 가지 않는다. → Vous n'allez pas aux États-Unis.
- 그들은 미국에 가지 않는다. → Ils ne vont pas aux États-Unis.
- 그녀들은 미국에 가지 않는다. → Elles ne vont pas aux États-Unis.

- 너희는 어디에 가니? → Vous allez où ?

Tip '너희는 간다 vous allez' 뒤에 의문사 où를 붙이면 '너희는 어디에 가니?'라는 표현이 됩니다.

ÉTAPE 03 대화로 말해 보기

▶ 오늘 배운 문장들을 활용하여 대화를 나눠 봐요!

A | 너희는 어디에 가니? ➡ Vous allez où ?

B | 우리는 일본에 가. ➡ Nous allons au Japon.

A | 그녀들은 미국에 가니? ➡ Elles vont aux États-Unis ?

B | 아니, 그녀들은 미국에 가지 않아. ➡ Non, elles ne vont pas aux États-Unis.

그녀들은 캐나다에 가. Elles vont au Canada.

미션 확인

오늘의 핵심 문장을 완벽하게 외워 봅시다.

A: 너희는 어디에 가니? ➡ Vous allez où ?

B: 우리는 일본에 가. ➡ Nous allons au Japon.

ÉTAPE 

연습 문제

▶ 문제를 풀어 보면서 공부한 내용들을 완전히 내 것으로 만들어 봐요!

제시된 구를 프랑스어로 써 보세요.

1. 일본에 ____________________
2. 캐나다에 ____________________
3. 미국에 ____________________

각 의문문에 알맞은 대답을 연결해 보세요.

1. Vous allez où ? ·
2. Vous allez aux États-Unis ? ·
3. Elles vont au Canada ? ·
4. Ils vont au Japon ? ·

· a Oui, ils vont au Japon.
· b Non, elles ne vont pas au Canada.
· c Nous allons au Canada.
· d Oui, nous allons aux États-Unis.

해석을 참고하여 프랑스어로 작문해 보세요.

1. 우리는 캐나다에 가지 않는다.

____

2. 그녀들은 미국에 가지 않는다.

____

3. 그들은 일본에 가지 않는다.

____

주어진 단어를 활용하여 문장을 만들어 보세요.

Portugal [뽀흐뛰걀] n.m. 포르투갈 | au Portugal [오 뽀흐뛰걀] 포르투갈에

1. 우리는 포르투갈에 가지 않는다. ____________________
2. 너희는 포르투갈에 가니? ____________________
3. 그들은 포르투갈에 간다. ____________________
4. 그녀들은 포르투갈에 가지 않는다. ____________________

다음 중 알맞은 문장을 골라 체크해 보세요.

1. 너희는 어디에 가니?
   (a. Tu vas où ? / b. Vous allez où ?)

2. 우리는 일본에 간다.
   (a. Nous allons au Canada. / b. Nous allons au Japon.)

3. 그녀들은 캐나다에 가지 않는다.
   (a. Elles ne vont pas au Canada. / b. Elles vont au Japon.)

4. 너희는 포르투갈에 가니?
   (a. Vous allez au Portugal ? / b. Ils vont au Portugal ?)

정답

1 1. au Japon 2. au Canada 3. aux États-Unis

2 1. c 2. d 3. b 4. a

3 1. Nous n'allons pas au Canada. 2. Elles ne vont pas aux États-Unis. 3. Ils ne vont pas au Japon.

4 1. Nous n'allons pas au Portugal. 2. Vous allez au Portugal ? 3. Ils vont au Portugal. 4. Elles ne vont pas au Portugal.

5 1. b 2. b 3. a 4. a

표현 더하기

▶ 오늘 배운 내용과 관련된 다양한 표현을 익혀 봐요!

저기요 ! / 부탁합니다!
S'il vous plaît ! [씰 부 쁠레]

s'il vous plaît는 영어의 please와 유사한 표현으로, 주로 문장의 끝에 s'il vous plaît를 붙여 누군가에게 공손하게 부탁할 때 사용하는 표현입니다. 카페나 레스토랑에서 주문할 때에도 '명사+s'il vous plaît'의 형태로 '(명사) 주세요'의 의미를 전할 수 있답니다. 또 단독으로 사용하여 길을 걷다가 모르는 행인을 부를 수도 있어요. 이렇듯 s'il vous plaît는 다양한 상황에서 사용할 수 있는 표현이니 잘 알아 두면 좋겠죠?

클라라 선생님의 꿀팁

합성어와 '-'

프랑스어의 단어들을 보다 보면 '-'와 같은 연결 부호가 포함된 단어들을 발견할 수 있습니다. 이번 강의에서 배웠던 복수 명사 미국 **les États-Unis**이 그렇고, 우리가 익히 들어 알고 있는 샹젤리제 **les Champs-Élysées**가 그렇죠? 이 단어들 사이에 왜 '-'가 있는지 궁금한 분들이 많을 텐데요. 그 이유는 바로 이 단어들이 둘 이상의 낱말이 더해져 만들어진 합성어이기 때문입니다. 즉, 독립된 의미를 지닌 낱말들이 합쳐진 단어인 것이죠. 연결 부호 '-'는 각각의 낱말들을 이어 주는 다리라고 생각하시면 돼요. 모든 합성어에 '-'가 포함되는 것은 아니지만, '동사+명사, 명사+명사, 명사+형용사, 동사+동사'로 만들어진 합성어의 경우에는 '-'가 붙습니다.

• **États-Unis** 미국

▶ **États** 국가(남성 명사 복수형) **Unis** 통합된, 연결된(남성 형용사 복수형)

• **Champs-Élysées** 샹젤리제

▶ **Champs** 밭, 들판, 터(남성 명사 복수형) **Élysées** 낙원, 엘리시움(남성 명사 복수형)

France

문화 탐방 프랑스의 국립 문화 예술 센터, 퐁피두

예술 문화

피카소나 마티스의 작품을 좋아하시나요? 그렇다면 현대 미술의 대표작들을 마음껏 즐길 수 있는 퐁피두 센터(Le centre Pompidou [르 썽트흐 뽕삐두])를 꼭 방문해 보세요. 지난 역사를 그대로 품고 있는 듯한 파리 도시 전반의 건물 모양들과는 정반대로, 퐁피두 센터는 배수관과 가스관, 통풍구 등이 밖으로 노출된 특이한 외관을 자랑합니다. 마치 모던 아트의 대표 미술관임을 공표하듯이 말이죠.

퐁피두 센터는 파리 시민들에게 사랑받는 복합 문화 센터이기도 한데요. 갤러리에서 예술 작품을 관람할 수 있는 것은 물론이고 칸딘스키 도서관에서 시간을 보내거나 파리 시내가 내려다보이는 레스토랑에서 식사를 즐길 수도 있습니다. 카페에서 수다를 떨거나 아이들을 위한 갤러리에서 시간을 보낼 수도 있어요.

'퐁피두 센터'라는 명칭의 유래가 궁금하신가요? 퐁피두는 센터 건축을 계획한 당시의 대통령 조르주 퐁피두(Georges Pompidou)의 이름에서 따온 것인데요. 퐁피두 국립 현대 미술관은 지금까지 십만 점 이상의 현대 미술 작품을 수집·보유하고 있으며, 세계에서 가장 많은 작품을 갖고 있는 미술관으로도 알려져 있습니다. 모더니즘을 대표하는 세계 거장들의 회화 작품은 물론이고, 미디어, 조각, 건축, 디자인 작품 등 매우 다양한 장르의 명작들을 만나 볼 수 있는 어마어마한 곳이에요.

저명한 파블로 피카소를 시작으로 마르크 샤갈, 앙리 마티스, 호안 미로와 살바도르 달리, 르네 마그리트, 그리고 앤디 워홀까지 20~21세기를 대표하는 아티스트들의 작품을 만나볼 수 있는 곳이니 한 번쯤은 꼭 들러 보시기를 추천합니다.

Leçon 22

Je vais au café.

나는 카페에 갑니다.

학습 | 목표

- ALLER 동사와 여러 장소 명사를 활용한 문장 만들기
- 전치사 À와 정관사 축약 학습하기

학습 | 단어

café [까페] n.m. 커피, 카페 | **banque** [벙끄] n.f. 은행 | **toilettes** [뚜알레뜨] n.f.pl. 화장실 | **école** [에꼴] n.f. 학교 | **pourquoi** [뿌흐꾸아] 왜

ÉTAPE 01

지난 시간 떠올리기

▶ 지난 시간 학습했던 내용들을 떠올려 볼까요?

지난 강의에서는 3군 불규칙 aller 동사의 복수 인칭을 학습했습니다. 불규칙 동사인 만큼, 헷갈리지 않도록 완벽하게 외우는 것이 중요한 포인트였는데요. 오늘은 aller 동사의 단수, 복수 인칭을 모두 활용하여 다양한 문장을 만들어 보려고 합니다. 본 강의로 들어가기 전에 복습부터 해 볼까요?

1 가다 aller [알레] (복수 인칭 변형)

주어는	간다
Nous	allons [알롱]
Vous	allez [알레]
Ils	vont [봉]
Elles	

2 부정문

주어는	가지 않는다
Nous	n'allons pas [날롱 빠]
Vous	n'allez pas [날레 빠]
Ils	ne vont pas [느 봉 빠]
Elles	

3 나라에 au + 남성 국가, aux + 복수 국가

'(남성 국가)에'라고 할 때는 남성 국가 앞에 au가 붙습니다. '(복수 국가)에'라고 할 때는 복수 국가 앞에 aux가 붙는데요. 형태는 다르지만 au와 aux는 모두 [오]로 발음되니 주의해 주세요.

일본에	캐나다에	미국에
au Japon [오 쟈뽕]	au Canada [오 꺄나다]	aux États-Unis [오 제따쥐니]

오늘의 미션 학습이 끝나면 이 문장을 완벽하게 말할 수 있어요!

A: 너는 어디에 가니?

B: 나는 카페에 가.

✔ 숫자 **22 vingt-deux** [방 되]

오늘의 학습

▶ 오늘 배울 내용들을 살펴보고, 머릿속에 차곡차곡 담아 볼까요?

지금까지 '(나라)에 가다'라는 표현을 만들어 봤습니다. 평상시에 어디에 가는지 물었을 때는 나라보다는 '카페, 학교'와 같은 일반 장소 명사를 훨씬 많이 사용하겠죠? 그래서 오늘은 우리가 일상 속에서 자주 오고 갈 법한 장소 명사 몇 가지를 프랑스어로 소개하려고 합니다. '~에'를 의미하는 전치사 à와 장소 명사를 활용하여 '(장소)에 가다'라는 표현도 만들어 볼 거예요. 장소 명사는 주로 정관사를 사용하기 때문에 자연스레 전치사 à 다음에 오는데요. 이때 전치사 à와 정관사 사이에 축약이 일어납니다. 우선 '카페'부터 '은행, 학교' 그리고 '화장실'까지 다양한 장소 명사를 프랑스어로 배워 보도록 합시다!

~에 가다 aller + à
아

aller + à
아

Tip à는 '~에'라는 뜻을 가진 전치사입니다.

1) 전치사 à + 정관사(단수) 축약

à + le	à + la
au [오]	à la [알라]

Tip à la에서 à와 la는 부드럽게 이어서 [알라]라고 발음합니다. [아 라] (x)

카페	카페에
le café [르 꺄페]	au café [오 꺄페]

- 나는 카페에 간다. → Je vais au café.
- 너는 카페에 간다. → Tu vas au café.
- 그는 카페에 간다. → Il va au café.
- 그녀는 카페에 간다. → Elle va au café.

은행	은행에
la banque [라 벙끄]	à la banque [알라 벙끄]

- 우리는 은행에 간다. → Nous allons à la banque.
- 너희는 은행에 간다. → Vous allez à la banque.
- 그들은 은행에 간다. → Ils vont à la banque.
- 그녀들은 은행에 간다. → Elles vont à la banque.

2) 전치사 à + 정관사(복수) 축약

à + les
aux [오]

Tip aux의 발음은 au와 동일합니다.

화장실	화장실에
les toilettes [레 뚜알레뜨]	aux toilettes [오 뚜알레뜨]

- 나는 화장실에 가지 않는다. → Je ne vais pas aux toilettes.
- 너는 화장실에 가지 않는다. → Tu ne vas pas aux toilettes.
- 그는 화장실에 가지 않는다. → Il ne va pas aux toilettes.
- 그녀는 화장실에 가지 않는다. → Elle ne va pas aux toilettes.

학교	학교에
l'école [레꼴]	à l'école [아 레꼴]

école은 여성 명사이므로 정관사와 함께 사용할 때 la école이지만, a와 é가 모음 충돌하여 l'école로 축약됩니다. à l'école을 자연스럽게 이어서 읽으면 [알레꼴]로 발음됩니다.

- 우리는 학교에 가지 않는다. → Nous n'allons pas à l'école.
- 너희는 학교에 가지 않는다. → Vous n'allez pas à l'école.
- 그들은 학교에 가지 않는다. → Ils ne vont pas à l'école.
- 그녀들은 학교에 가지 않는다. → Elles ne vont pas à l'école.

- 너는 어디에 가니? → Tu vas où ?

ÉTAPE 03

대화로 말해 보기

▶ 오늘 배운 문장들을 활용하여 대화를 나눠 봐요!

A | 너는 어디에 가니? → Tu vas où ?

B | 나는 카페에 가. → Je vais au café.

A | 그들은 학교에 가니? → Ils vont à l'école ?

B | 아니, 그들은 학교에 가지 않아. → Non, ils ne vont pas à l'école.

그들은 은행에 가. → Ils vont à la banque.

미션 확인 오늘의 핵심 문장을 완벽하게 외워 봅시다.

A: 너는 어디에 가니? → Tu vas où ?

B: 나는 카페에 가. → Je vais au café.

연습 문제

▶ 문제를 풀어 보면서 공부한 내용들을 완전히 내 것으로 만들어 봐요!

1 전치사와 정관사 축약에 주의하며 제시된 구를 써 보세요.

1. 카페에 ______________________

2. 은행에 ______________________

3. 화장실에 ______________________

4. 학교에 ______________________

2 주어진 낱말들로 문장을 만드세요.

1. 나는 카페에 가지 않는다. (café / je / vais / pas / ne / au)

____

2. 그녀들은 은행에 가니? (à la / elles / banque / vont)

____

3. 너는 화장실에 간다. (vas / tu / aux / toilettes)

____

3 해석을 참고하여 프랑스어로 작문해 보세요.

1. 우리는 학교에 가지 않는다.

____

2. 나는 은행에 가지 않는다.

____

3. 그들은 화장실에 가지 않는다.

____

주어진 명사를 활용하여 문장을 만들어 보세요.

marché [마흐셰] n.m. 시장 | boulangerie [불렁쥬히] n.f. 빵집

1. 나는 시장에 간다. ____________________
2. 우리는 빵집에 간다. ____________________
3. 너희는 시장에 가지 않는다. ____________________
4. 그녀들은 빵집에 가지 않는다. ____________________

5 다음 중 알맞은 문장을 골라 체크해 보세요.

1. 너희는 어디에 가니?
   (a. Tu vas où ? / b. Vous allez où ?)
2. 우리는 빵집에 간다.
   (a. Nous allons à la boulangerie. / b. Nous allons à la banque.)
3. 그녀는 학교에 간다.
   (a. Elle va au marché. / b. Elle va à l'école.)
4. 너희는 시장에 가니?
   (a. Vous allez aux toilettes ? / b. Vous allez au marché ?)

정답

1 1. au café 2. à la banque 3. aux toilettes 4. à l'école

2 1. Je ne vais pas au café. 2. Elles vont à la banque ? 3. Tu vas aux toilettes.

3 1. Nous n'allons pas à l'école. 2. Je ne vais pas à la banque. 3. Ils ne vont pas aux toilettes.

4 1. Je vais au marché. 2. Nous allons à la boulangerie. 3. Vous n'allez pas au marché. 4. Elles ne vont pas à la boulangerie.

5 1. b 2. a 3. b 4. b

표현 더하기

▶ 오늘 배운 내용과 관련된 다양한 표현을 익혀 봐요!

왜 ?
Pourquoi ? [뿌흐꾸아]

pourquoi는 영어의 why와 같은 단어로, 이유를 물을 때 자주 씁니다. pourquoi 뒤에 평서문을 붙여서 '왜 ~이니?'라고 물을 수도 있지만 단독으로 사용해서 pourquoi ? '왜?'라고 말할 수도 있어요. 상황에 알맞게 활용해 보세요.

클라라 선생님의 꿀팁

ca와 ga, ka 발음을 알려드릴게요!

알파벳 **a**의 발음은 기본적으로 [아] 소리가 난다고 알려드렸습니다. '그럼 왜 **le café**는 [까페]가 아닌 [꺄페]로 발음이 되죠?'라는 궁금증을 갖는 분들도 있을 거예요. 기본적으로 [ㅋ], [ㄲ], [ㄱ] 발음이 나는 자음들은 뒤에 모음 **a**가 오는 경우 예외적으로 [ㅑ]로 발음해 준답니다. 특별한 기준이나 규칙이 있어서 이와 같이 발음을 하는 것은 아니지만 더 자연스럽고 듣기 좋은 발음이 일상으로 자리 잡은 케이스랍니다.

앞으로 **ca, ga, ka**가 포함된 단어들을 보면 [까], [가], [까]보다는 [ㅑ] 발음을 내면서 [꺄], [갸], [꺄]로 발음해 주세요!

- **café** [꺄페] 커피, 카페
- **gare** [갸흐] 기차역
- **kaki** [꺄끼] 카키색

France

문화 탐방 프랑스의 두 번째 수도, 리옹

지역 탐방

프랑스에서 세 번째로 큰 도시로 알려진 리옹(Lyon), 여러분은 리옹에 대해 잘 알고 계시나요? 프랑스의 수도 파리는 역사적, 문화적으로 높은 위상을 자랑하는 프랑스의 대표 도시이지만 리옹도 그에 못지않게 오랜 역사와 특별한 문화를 자랑한답니다. 지금부터 함께 살펴봅시다!

리옹은 프랑스의 남동부, 론강(le Rhône [르 혼느])와 손강(la Saône [라 쏜느])의 합류점에 위치해 있는 아름다운 도시입니다. 15세기부터 실크와 같은 견직물을 중심으로 상업이 크게 발달했기 때문에 유럽의 주요 무역 도시로 자리 잡기도 했는데요. 오늘날 리옹은 전 세계적으로 유명한 폴 보퀴즈(Paul Bocuse(1926-2018)) 셰프의 업적을 통해 유럽의 대표 식도락의 도시로 인정받고 있으며, 실제로 1,500여 개가 넘는 레스토랑이 있답니다. 리옹을 방문하신다면 그곳의 향토 음식을 꼭 맛보시기를 추천합니다.

르네상스 시대의 멋스러운 건축 양식을 엿볼 수 있는 리옹 구시가지(Le Vieux Lyon [르 비외 리옹]) 역시 빼놓을 수 없는 볼거리인데요. 유네스코 세계문화유산으로 지정된 리옹의 구시가지는 세 구역으로 나뉩니다. 리옹 구시가지의 심장으로 불리는 생장(Saint-Jean [쌍 졍]), 견직물 산업의 중심지였던 생조르주(Saint-George [쌍 죠흐쥬]), 그리고 아기자기한 카페와 극장이 가득한 생폴(Saint-Paul [쌍 뽈])까지, 각각의 구역이 저마다의 볼거리와 특징을 가지고 있으니 시간을 들여 구경해 보세요. 또한 리옹은 '빛의 도시'라고 불릴 만큼 빛 축제(la Fête des Lumières)로 유명한데요. 1999년부터 매년 12월에 열리고 있는 이 축제는 19세기 페스트를 이겨내고자 사람들이 촛불을 들고 모여 기도했던 전통이 기원이라고 합니다.

활기찬 대도시를 여행하고 싶거나 환상적인 빛으로 둘러싸인 야경을 감상하고 싶은 분들에게 리옹을 적극 추천합니다.

Leçon 23

J'étudie le français pour aller en France.

나는 프랑스에 가기 위해 프랑스어를 공부합니다.

학습 목표

- 전치사 POUR(~을 위해) 학습하기
- 전치사 POUR 활용하여 목적 나타내기

학습 단어

pour [뿌흐] ~을 위해, 위하여 | **tiens** [띠앙] 자, 여기(**tenir** 동사 **2**인칭 변형)

ÉTAPE 01

지난 시간 떠올리기

▶ 지난 시간 학습했던 내용들을 떠올려 볼까요?

지난 강의를 통해 '(나라)에 가다'뿐만 아니라 카페, 은행, 화장실, 학교 등 다양한 장소 명사를 활용하여 '(장소)에 가다'라는 표현까지 마스터했습니다. 다양한 장소 명사들을 배울수록 더욱 다양한 표현들이 가능하겠죠? 오늘 강의에서는 우리가 배운 문장들을 활용해서 더 길고 풍부한 표현을 만들어 볼 거예요. 그러기 위해서는 앞에서 배운 내용을 제대로 복습해야겠죠? 전치사 정관사 축약에 유의하면서 함께 복습해 봅시다!

~에 가다 aller + à (아)

- 카페에 가다 → aller au café
- 은행에 가다 → aller à la banque
- 화장실에 가다 → aller aux toilettes
- 학교에 가다 → aller à l'école

오늘의 미션 학습이 끝나면 이 문장을 완벽하게 말할 수 있어요!

A: 나는 프랑스에 가기 위해 프랑스어를 공부해.

숫자 **23 vingt-trois** [방 트후아]

오늘의 학습

▶ 오늘 배울 내용들을 살펴보고, 머릿속에 차곡차곡 담아 볼까요?

오늘 강의에서는 우리가 배운 문장들을 활용하여 더 길고 풍부한 문장을 만들어 봅시다. '~을 위해, ~을 위하여'에 해당하는 전치사 pour를 활용하면 목적을 나타내는 문장을 만들 수 있습니다. 참고로 pour 뒤에는 명사를 사용하여 '(명사)를 위해'라는 표현도 할 수 있지만 pour 뒤에 동사를 붙여 '(동사)하기 위해'라는 표현도 할 수 있습니다. 매우 유용한 전치사이므로 꼭 기억해 주세요!

~을 위해, 위하여

pour [뿌흐]

이중모음 ou는 [우] 발음을 해 줍니다.

~하기 위해

pour 뒤에는 동사를 붙여 '~하기 위해'라는 표현이 가능합니다. 이 때 주의해야 할 점은 pour 뒤에 동사가 올 때는 무조건 동사원형을 사용해야 한다는 것입니다. 또한 프랑스어에서는 pour 외에도 다른 전치사 뒤에 동사가 올 때 항상 원형이 온다는 점을 기억해 주세요.

pour + 동사원형

또 한 가지 중요한 포인트는 목적을 나타내는 문장에서 한국어와 프랑스어의 어순이 다르다는 점입니다. 한국어는 일반적으로 목적을 나타내는 표현이 문장의 앞부분에 위치하는 반면, 프랑스어는 크게 목적을 강조하지 않을 경우에는 일반적으로 목적을 나타내는 표현이 문장의 끝에 위치합니다. 자, 그럼 이제 우리가 지금까지 배웠던 동사와 국가명, 언어명을 활용하여 목적을 나타내는 문장을 만들어 봅시다.

주의 한국어 vs 프랑스어 어순 비교

한국어 나는 프랑스에 가기 위해 프랑스어를 공부한다.

프랑스어 나는 프랑스어를 공부한다 프랑스에 가기 위해. (목적이 문장 끝에 위치)

가기 위해	프랑스에 가기 위해
pour aller	pour aller en France

Tip pour aller는 자연스럽게 이어서 발음하면 [뿌할레]로 발음됩니다.

✓ 나는 프랑스에 가기 위해 프랑스어를 공부한다.
→ J'étudie le français pour aller en France.

✓ 너는 프랑스에 가기 위해 프랑스어를 공부한다.
→ Tu étudies le français pour aller en France.

✓ 그는 프랑스에 가기 위해 프랑스어를 공부한다.
→ Il étudie le français pour aller en France.

✓ 그녀는 프랑스에 가기 위해 프랑스어를 공부한다.
→ Elle étudie le français pour aller en France.

Tip 먼저 평서문을 만들고 pour를 활용해 목적을 만든 후 문장 끝에 붙여 줍니다.

일본에 가기 위해 pour aller au Japon

✓ 우리는 일본에 가기 위해 일본어를 공부한다.
→ Nous étudions le japonais pour aller au Japon.

✓ 너희는 일본에 가기 위해 일본어를 공부한다.
→ Vous étudiez le japonais pour aller au Japon.

✓ 그들은 일본에 가기 위해 일본어를 공부한다.
→ Ils étudient le japonais pour aller au Japon.

✓ 그녀들은 일본에 가기 위해 일본어를 공부한다.
→ Elles étudient le japonais pour aller au Japon.

살기 위해	프랑스에 살기 위해
pour habiter	pour habiter en France

Tip pour habiter를 자연스럽게 이어서 발음하면 [뿌하비떼]로 발음됩니다.

✓ 나는 프랑스에 살기 위해 프랑스어를 공부한다.
→ J'étudie le français pour habiter en France.

✔ 너는 프랑스에 살기 위해 프랑스어를 공부한다.
→ Tu étudies le français pour habiter en France.

✔ 그는 프랑스에 살기 위해 프랑스어를 공부한다.
→ Il étudie le français pour habiter en France.

✔ 그녀는 프랑스에 살기 위해 프랑스어를 공부한다.
→ Elle étudie le français pour habiter en France.

일본에 살기 위해 pour habiter au Japon

✔ 우리는 일본에 살기 위해 일본어를 공부한다.
→ Nous étudions le japonais pour habiter au Japon.

✔ 너희는 일본에 살기 위해 일본어를 공부한다.
→ Vous étudiez le japonais pour habiter au Japon.

✔ 그들은 일본에 살기 위해 일본어를 공부한다.
→ Ils étudient le japonais pour habiter au Japon.

✔ 그녀들은 일본에 살기 위해 일본어를 공부한다.
→ Elles étudient le japonais pour habiter au Japon.

공부하기 위해	한국어를 공부하기 위해
pour étudier	pour étudier le coréen

Tip pour étudier를 자연스럽게 이어서 발음하면 [뿌헤뛰디에]로 발음됩니다.

✔ 나는 한국어를 공부하기 위해 한국에 간다.
→ Je vais en Corée pour étudier le coréen.

✔ 너는 한국어를 공부하기 위해 한국에 간다.
→ Tu vas en Corée pour étudier le coréen.

✔ 그는 한국어를 공부하기 위해 한국에 간다.
→ Il va en Corée pour étudier le coréen.

✔ 그녀는 한국어를 공부하기 위해 한국에 간다.
→ Elle va en Corée pour étudier le coréen.

영어를 공부하기 위해 **pour étudier l'anglais**

- 우리는 영어를 공부하기 위해 미국에 간다.
  → Nous allons aux États-Unis pour étudier l'anglais.
- 너희는 영어를 공부하기 위해 미국에 간다.
  → Vous allez aux États-Unis pour étudier l'anglais.
- 그들은 영어를 공부하기 위해 미국에 간다.
  → Ils vont aux États-Unis pour étudier l'anglais.
- 그녀들은 영어를 공부하기 위해 미국에 간다.
  → Elles vont aux États-Unis pour étudier l'anglais.

ÉTAPE 03 대화로 말해 보기

▶ 오늘 배운 문장들을 활용하여 대화를 나눠 봐요!

A | 너는 프랑스어를 공부하니? → Tu étudies le français ?

B | 응, 나는 프랑스에 가기 위해 프랑스어를 공부해. → Oui, j'étudie le français pour aller en France.

A | 너희는 미국에 가니? Vous allez aux États-Unis ?

B | 응, 우리는 영어를 공부하기 위해 미국에 가. → Oui, nous allons aux États-Unis pour étudier l'anglais.

미션 확인 오늘의 핵심 문장을 완벽하게 외워 봅시다.

나는 프랑스에 가기 위해 프랑스어를 공부해.

→ J'étudie le français pour aller en France.

ÉTAPE 

연습 문제

▶ 문제를 풀어 보면서 공부한 내용들을 완전히 내 것으로 만들어 봐요!

1 제시된 구를 프랑스어로 써 보세요.

1. 프랑스에 가기 위해 ______________________
2. 일본에 살기 위해 ______________________
3. 한국어를 공부하기 위해 ______________________
4. 영어를 공부하기 위해 ______________________

2 해석을 참고하여 프랑스어로 작문해 보세요.

1. 나는 영어를 공부하기 위해 미국에 간다.

____

2. 그녀들은 일본에 가기 위해 일본어를 공부한다.

____

3. 너희는 프랑스에 살기 위해 프랑스어를 공부한다.

____

4. 그는 한국어를 공부하기 위해 한국에 간다.

____

3 주어진 단어를 활용하여 문장을 만들어 보세요.

en Espagne [어네스빤뉴] 스페인에 | espagnol [에스빠뇰] n.m. 스페인어

1. 나는 스페인어를 공부하기 위해 스페인에 간다.

____

2. 그는 스페인에 살기 위해 스페인어를 공부한다.

3. 너희는 스페인에 가기 위해 스페인어를 공부한다.

4. 그녀들은 스페인어를 공부하기 위해 스페인에 간다.

다음 중 알맞은 문장을 골라 체크해 보세요.

1. 그녀는 프랑스에 살기 위해 프랑스어를 공부한다.
   (a. Elle étudie le français pour aller en France. /
   b. Elle étudie le français pour habiter en France.)

2. 우리는 영어를 공부하기 위해 미국에 간다.
   (a. Nous allons aux États-Unis pour étudier l'anglais. /
   b. Nous étudions l'anglais pour aller aux États-Unis.)

3. 나는 일본에 가기 위해 일본어를 공부한다.
   (a. J'étudie le japonais pour aller au Japon. /
   b. Je vais au Japon pour étudier le japonais.)

정답

1 1. pour aller en France 2. pour habiter au Japon 3. pour étudier le coréen 4. pour étudier l'anglais

2 1. Je vais aux États-Unis pour étudier l'anglais. 2. Elles étudient le japonais pour aller au Japon. 3. Vous étudiez le français pour habiter en France. 4. Il va en Corée pour étudier le coréen.

3 1. Je vais en Espagne pour étudier l'espagnol. 2. Il étudie l'espagnol pour habiter en Espagne. 3. Vous étudiez l'espagnol pour aller en Espagne. 4. Elles vont en Espagne pour étudier l'espagnol.

4 1. b 2. a 3. a

표현 더하기

▶ 오늘 배운 내용과 관련된 다양한 표현을 익혀 봐요!

자, 여기!
Tiens ! [띠앙]

tiens은 '자, 여기!'라는 뜻을 지니기 때문에 내가 상대에게 물건을 건네주며 사용할 수 있는 표현이랍니다. '너에게 하는 명령문'이기 때문에 직역하면 '들어, 잡아'라는 의미를 갖는다는 것도 같이 기억해 주세요!

클라라 선생님의 꿀팁

국가명과 언어명을 복습해 볼까요?

지금까지 우리는 여러 강의를 거듭하면서 다양한 국가명과 언어명을 학습했습니다. 한눈에 보면서 완벽하게 정리해 봅시다.

- **la France** 프랑스 — **le français** 프랑스어
- **la Corée** 한국 — **le coréen** 한국어
- **le Japon** 일본 — **le japonais** 일본어
- **la Chine** 중국 — **le chinois** 중국어
- **le Canada** 캐나다 — **l'anglais** 영어
- **les États-Unis** 미국 — **l'anglais** 영어
- **l'Allemagne** 독일 — **l'allemand** 독일어
- **l'Italie** 이탈리아 — **l'italien** 이탈리아어
- **l'Espagne** 스페인 — **l'espagnol** 스페인어
- **la Russie** 러시아 — **le russe** 러시아어
- **le Portugal** 포르투갈 — **le portugais** 포르투갈어

France

문화 탐방 인상파 작가들이 사랑했던 항구 도시, 옹플뢰르

지역 탐방

중세 시대를 여행하는 듯한 느낌을 받고 싶으신가요? 프랑스 북부 지방에는 중세를 그대로 보존해 놓은 듯한 역동적인 항구 도시 옹플뢰르(Honfleur [옹플뢰흐])가 있습니다.

옹플뢰르는 역사적으로 매우 다양한 항구의 역할을 해 온 도시인데요. 14세기부터 15세기까지 이어졌던 백년전쟁 당시 주 본거지로 활약했을 뿐만 아니라 세계 탐험가들의 정박항, 해상 무역의 중심지, 또 예술가들의 활동지로 활용되기도 했답니다. 실제로 이 곳은 들라크루아나 마티스, 빅토르 위고, 모파상 등 다양한 장르의 예술가들이 사랑했던 지역으로 손꼽히는 곳이에요. 특히 모네의 작품 <인상, 해돋이(Impression, soleil levant)>는 옹플뢰르의 앞바다가 배경이기도 하죠. 바다가 보이는 작은 항구 도시인 옹플뢰르는 화려한 파리에 비해 다소 소박하게 느껴질 수 있지만 해 질 녘 바다의 풍경만큼은 어느 도시에 비교해도 뒤지지 않을 만큼 아름답습니다.

역사가 깊은 도시인 만큼 옹플뢰르에서는 노르망디 지역 특유의 오래된 목조 가옥을 볼 수 있습니다. 특히 15세기에 지어진 생카트린 성당(Église Sainte-Catherine [에글리즈 쌍뜨 꺄트힌느])은 프랑스에서 가장 오래된 목조 교회로 옹플뢰르 지역의 관광 명소랍니다. 건설 당시 선박 제조업자들이 선박을 만들던 기술을 활용해 뒤집어진 배 모양으로 교회 천장을 만들었다는 점이 큰 특징이에요.

이 외에도 옹플뢰르 곳곳의 시내에는 작은 갤러리들과 예스러운 느낌의 소품들, 수공예품들을 파는 아기자기한 가게들이 있어 쇼핑하기에도 아주 좋습니다. 바다 내음과 함께 기분 좋게 거리를 거닐면서 아름다운 목조 건물도 구경하고 싶다면, 사랑스러운 항구 도시 옹플뢰르로 떠나 보는 건 어떨까요?

Leçon 24

Je vais aller en France.

나는 프랑스에 갈 것입니다.

학습 | 목표

- ALLER(가다) 동사 활용하여 가까운 미래(근접 미래) 표현하기

학습 | 단어

salut [쌀뤼] 안녕

ÉTAPE 

지난 시간 떠올리기

▶ 지난 시간 학습했던 내용들을 떠올려 볼까요?

지난 시간에는 목적을 나타내는 전치사 pour를 활용하여 '가기 위해, 살기 위해, 공부하기 위해'와 같은 목적을 나타내는 표현을 만들어 보았습니다. 전치사 pour 뒤에 동사가 올 때는 꼭 동사원형의 형태로 와야 한다는 점을 상기하면서 지난 시간에 배운 부분들을 복습해 봅시다. pour의 마지막 자음 r와 모음 또는 무음 h로 시작하는 동사원형을 부드럽게 이어서 읽는 것도 잊지 마세요!

1 ~을 위해, 위하여

~을 위해, 위하여	~하기 위해
pour [뿌흐]	pour + 동사원형

- 프랑스에 가기 위해 → pour aller en France
- 일본에 가기 위해 → pour aller au Japon

- 프랑스에 살기 위해 → pour habiter en France
- 일본에 살기 위해 → pour habiter au Japon

- 한국어를 공부하기 위해 → pour étudier le coréen
- 영어를 공부하기 위해 → pour étudier l'anglais

오늘의 미션 학습이 끝나면 이 문장을 완벽하게 말할 수 있어요!

A: 너는 어디에 갈 거니?

B: 나는 프랑스에 갈 거야.

숫자 **24 vingt-quatre** [방 꺄트흐]

ÉTAPE 02

오늘의 학습

▶ 오늘 배울 내용들을 살펴보고, 머릿속에 차곡차곡 담아 볼까요?

오늘 강의에서는 aller 동사를 활용하여 근접 미래 표현을 만들어 볼 예정입니다. 영어에서도 근접 미래를 나타낼 때 to go를 활용해 문장을 만들죠! 프랑스어도 마찬가지로 '가다' 동사인 aller를 활용한답니다. 만드는 방법도 매우 간단한데요. aller 동사 뒤에 동사원형만 붙여 주면 '(동사원형)할 것이다'라는 문장이 완성된답니다. 한 문장 안에 두 개의 동사가 온다고 걱정하지 마세요. 동사가 두 개 오는 경우에는 첫 번째 동사, 즉 aller 동사만 인칭에 맞게 바꾸고, 뒤따르는 동사는 원형으로 쓰면 됩니다. 함께 만들어 볼까요?

~할 것이다

aller + 동사원형

공부할 것이다	프랑스어를 공부할 것이다
aller étudier	aller étudier le français

Tip 동사가 두 개 올 경우, 첫 번째 동사만 인칭에 맞게 변형해 줍니다.

- 나는 프랑스어를 공부할 것이다. → Je vais étudier le français.
- 너는 프랑스어를 공부할 것이다. → Tu vas étudier le français.
- 그는 프랑스어를 공부할 것이다. → Il va étudier le français.
- 그녀는 프랑스어를 공부할 것이다. → Elle va étudier le français.

갈 것이다	프랑스에 갈 것이다
aller aller	aller aller en France

- 우리는 프랑스에 갈 것이다. → Nous allons aller en France.
- 너희는 프랑스에 갈 것이다. → Vous allez aller en France.

그들은 프랑스에 갈 것이다.	➡ Ils vont aller en France.
그녀들은 프랑스에 갈 것이다.	➡ Elles vont aller en France.

살 것이다	미국에 살 것이다
aller habiter	aller habiter aux États-Unis

나는 미국에 살 것이다.	➡ Je vais habiter aux États-Unis.
우리는 미국에 살 것이다.	➡ Nous allons habiter aux États-Unis.
너희는 미국에 살 것이다.	➡ Vous allez habiter aux États-Unis.
그들은 미국에 살 것이다.	➡ Ils vont habiter aux États-Unis.

2 부정문

이번에는 부정문을 만들어 볼 텐데요. 한 문장 안에 두 개의 동사를 사용하는 미래시제의 경우에는 어느 동사를 기준으로 ne pas를 붙여야 할까요? 바로 평서문을 만들 때 주어 인칭에 맞게 변형했던 첫 번째 동사, aller 동사의 앞뒤로 ne pas를 써 주면 됩니다. 이 점에 유의하면서 부정문을 만들어 봅시다.

ne aller pas aller en France

Tip 두 개의 동사가 올 경우, 부정문을 만들 때 첫 번째 동사 앞뒤로 ne pas를 붙입니다.

✔ 나는 프랑스에 가지 않을 것이다. → Je ne vais pas aller en France.

✔ 너는 프랑스에 가지 않을 것이다. → Tu ne vas pas aller en France.

✔ 그는 프랑스에 가지 않을 것이다. → Il ne va pas aller en France.

✔ 그녀는 프랑스에 가지 않을 것이다. → Elle ne va pas aller en France.

✔ 우리는 미국에 살지 않을 것이다.
→ Nous n'allons pas habiter aux États-Unis.

✔ 너희는 미국에 살지 않을 것이다.
→ Vous n'allez pas habiter aux États-Unis.

✔ 그들은 미국에 살지 않을 것이다.
→ Ils ne vont pas habiter aux États-Unis.

✔ 그녀들은 미국에 살지 않을 것이다.
→ Elles ne vont pas habiter aux États-Unis.

✔ 너는 어디에 갈 것이니? → Tu vas aller où ?

✔ 너는 어디에 살 것이니? → Tu vas habiter où ?

ÉTAPE 03 대화로 말해 보기

▶ 오늘 배운 문장들을 활용하여 대화를 나눠 봐요!

A | 너는 어디에 갈 거니? ➡ Tu vas aller où ?

B | 나는 프랑스에 갈 거야. ➡ Je vais aller en France.

A | 너희는 어디에 살 거니? ➡ Vous allez habiter où ?

B | 우리는 미국에 살 거야. ➡ Nous allons habiter aux États-Unis.

A | 너는 프랑스에 갈 거니? ➡ Tu vas aller en France ?

B | 응, 나는 프랑스어를 공부하러 (하기 위해) 프랑스에 갈 거야. ➡ Oui, je vais aller en France pour étudier le français.

미션 확인

오늘의 핵심 문장을 완벽하게 외워 봅시다.

A: 너는 어디에 갈 거니? ➡ Tu vas aller où ?

B: 나는 프랑스에 갈 거야. ➡ Je vais aller en France.

ÉTAPE 04

연습 문제

▶ 문제를 풀어 보면서 공부한 내용들을 완전히 내 것으로 만들어 봐요!

aller 동사를 활용하여 근접 미래 표현을 만들어 보세요.

1. 공부할 것이다 ____________________
2. 갈 것이다 ____________________
3. 살 것이다 ____________________

각 의문문에 알맞은 대답을 연결해 보세요.

1. Tu vas aller où ?
2. Vous allez aller en France ?
3. Elles vont habiter aux États-Unis ?
4. Vous allez habiter où ?

- a Oui, nous allons aller en France.
- b Nous allons habiter aux États-Unis.
- c Je vais aller en France.
- d Non, elles ne vont pas habiter aux États-Unis.

주어진 낱말들로 문장을 만들어 보세요.

1. 나는 프랑스어를 공부할 것이다.
(étudier / le / je / français / vais)

____

2. 그녀는 프랑스에 갈 것이니?
(France / aller / elle / va / en)

____

3. 우리는 미국에 살지 않을 것이다.
(aux / n' / nous / États-Unis / pas / allons / habiter)

4. 그들은 어디에 살 것이니?
(où / habiter / vont / ils)

해석을 참고하여 프랑스어로 작문해 보세요.

1. 나는 프랑스어를 공부하지 않을 것이다.

2. 우리는 프랑스에 가지 않을 것이다.

3. 그녀들은 미국에 살지 않을 것이다.

4. 너는 프랑스어를 공부하지 않을 것이다.

정답

1 1. aller étudier 2. aller aller 3. aller habiter

2 1. c 2. a 3. d 4. b

3 1. Je vais étudier le français. 2. Elle va aller en France ? 3. Nous n'allons pas habiter aux États-Unis. 4. Ils vont habiter où ?

4 1. Je ne vais pas étudier le français. 2. Nous n'allons pas aller en France. 3. Elles ne vont pas habiter aux États-Unis. 4. Tu ne vas pas étudier le français.

표현 더하기

▶ 오늘 배운 내용과 관련된 다양한 표현을 익혀 봐요!

안녕!
Salut ! [쌀뤼]

salut는 친밀한 사이에 나누는 인사입니다. 누군가 여러분에게 salut라고 인사하면 여러분도 salut라고 똑같이 대답하면 돼요. 이 표현은 만날 때뿐만 아니라 헤어지는 순간에도 사용할 수 있는 활용도 높은 인사말이랍니다. 잘 기억해 두었다가 친한 친구들에게 말해 보세요!

클라라 선생님의 꿀팁

근접 미래시제에서의 연음

'우리는 간다 **Nous allons**'의 경우, 주어와 동사 간 연음이 필수이기 때문에 [누잘롱]으로 발음해 줬습니다. 그럼 근접 미래시제 '우리는 갈 것이다 **Nous allons aller**'에서 **allons**과 **aller**는 연음을 해야 하는 걸까요?

답은 '해도 되고 하지 않아도 된다'입니다. 그 이유는 **aller** 동사 뒤 모음으로 시작하는 동사와의 연음은 필수가 아니기 때문이에요. '**Nous allons aller en France**'에서 **allons**과 **aller**를 연음하지 않고 [누잘롱 알레 엉 프형쓰]라고 발음하셔도 되고, **allons‿aller**를 연음해서 [누잘롱잘레 엉 프형쓰]라고 하는 것도 가능하답니다. 편한 쪽으로 발음해 주세요!

France

문화 탐방 혁명의 역사가 녹아 있는 콩코르드 광장

건축 문화

개선문을 등지고 샹젤리제 거리를 쭉 지나고 나면 웅장한 오벨리스크가 우뚝 서 있는 넓은 광장을 만날 수 있습니다. 그 곳이 바로 오늘 소개해 드릴 콩코르드 광장 (Place de la Concorde [쁠라쓰 들라 꽁꼬흐드])인데요. 파리에서 가장 큰 광장인 콩코르드 광장은 파리의 주요 명소인 동시에 역사적으로 깊은 의미를 지니고 있는 곳이랍니다. 그 역사를 한번 살펴볼까요?

프랑스어 여성 명사인 concorde는 '일치, 화합, 조화'를 뜻하기 때문에 말 그대로 '화합의 광장'이라는 의미를 지닙니다. 하지만 처음부터 이러한 이름을 가지고 있지는 않았는데요. 이 곳은 18세기 중반, 당시 왕정을 다스렸던 루이 15세의 기마상을 세우기 위해 터가 닦이면서 '루이 15세 광장'이라는 이름을 갖게 되었습니다. 또 왕세자였던 루이 16세와 마리 앙투아네트의 결혼식이 거행되었던 장소이기도 하죠.

하지만 1789년 혁명이 시작되면서 루이 15세의 기마상은 무너지고, 루이 16세와 마리 앙투아네트의 목숨을 앗아간 단두대가 그 자리에 세워졌습니다. 그리고 그 곳은 '혁명 광장'이라고 명명되며 공포 정치 동안 약 1,000명 이상의 목숨이 사라지게 되었고, 1795년이 되어서야 미래에 대한 희망을 기원하며 '콩코르드 광장'으로 명칭이 다시 바뀌게 되었습니다. 그리고 1836년 10월 25일, 콩코르드 광장의 정중앙에 이집트의 총독으로부터 기증받은 룩소르 오벨리스크 (l'obélisque de Louxor [로벨리스끄 드 룩쏘흐])가 세워졌습니다.

참 아름답고 웅장한 장소이면서도 슬픈 역사를 지닌 콩코르드 광장, 1789년 혁명의 역사가 그대로 담긴 이 곳을 한 번 방문해 보는 건 어떨까요?

Leçon 25

Révision

복습

학습 목표
- 20~24강 복습을 통해 탄탄하게 기초 다지기
- 앞에서 학습한 내용을 바탕으로 자기소개하기

지난 시간 떠올리기

▶ 지난 시간 학습했던 내용들을 떠올려 볼까요?

오늘의 미션 학습이 끝나면 이 문장을 완벽하게 말할 수 있어요!

A: 나는 Emma야.

나는 영어를 말하는 것을 좋아해.

나는 미국에 살 거야.

✔ 숫자 **25 vingt-cinq** [방 쌍끄]

복습1

드디어 SOS 프랑스어의 1탄의 마지막 복습 시간이 다가왔습니다! 여러분, 알파벳을 하나하나 읊어가며 프랑스어 걸음마를 떼던 날을 기억하시나요? 이제 여러분은 다양한 문장들을 자신 있게 말할 수 있습니다. 오늘이 오기까지 포기하지 않고 달려온 여러분의 열정에 박수를 보내며, 1탄의 마지막 복습 시간에는 20강부터 24강까지 학습한 내용들을 차근차근 총정리하는 시간을 가져 보려고 합니다. 그럼 마지막 복습을 시작해 볼까요?

가다 aller [알레]

<table>
<tr><th>주어는</th><th>간다</th></tr>
<tr><td>Je</td><td>vais [베]</td></tr>
<tr><td>Tu</td><td>vas [바]</td></tr>
<tr><td>Il</td><td rowspan="2">va [바]</td></tr>
<tr><td>Elle</td></tr>
<tr><td>Nous</td><td>allons [알롱]</td></tr>
<tr><td>Vous</td><td>allez [알레]</td></tr>
<tr><td>Ils</td><td rowspan="2">vont [봉]</td></tr>
<tr><td>Elles</td></tr>
</table>

1) 도시에 가다 ▸ **aller + à + 도시명**

- 파리에 가다 → aller à Paris
- 서울에 가다 → aller à Séoul

2) 나라에 가다 ▸ **aller + en + 여성 국가**

- 프랑스에 가다 → aller en France
- 한국에 가다 → aller en Corée
- 중국에 가다 → aller en Chine

나라에 가다 ▸ **aller + au + 남성 국가**

- 일본에 가다 → aller au Japon
- 캐나다에 가다 → aller au Canada

나라에 가다 ▸ **aller + aux + 복수 국가**

- 미국에 가다 → aller aux États-Unis

3) '도시에, 나라에' 활용 총정리

❶ ~에 살다

habiter	à 도시명	도시에 살다
	en 여성 국가	나라에 살다
	au 남성 국가	
	aux 복수 국가	

❷ ~에 가다

<table>
<tr><td rowspan="4">aller</td><td>à 도시명</td><td>도시에 가다</td></tr>
<tr><td>en 여성 국가</td><td rowspan="3">나라에 가다</td></tr>
<tr><td>au 남성 국가</td></tr>
<tr><td>aux 복수 국가</td></tr>
</table>

2 전치사 à + 정관사 축약

전치사 à 뒤에 정관사가 올 때에는 à와 정관사 사이에 축약이 일어난다고 배웠습니다. 남성 단수일 때와 복수일 때는 스펠링은 다르지만 똑같이 [오] 발음이 난다는 점에 주의하면서 복습해 봅시다.

à + le	à + la	à + les
au [오]	à la [알라]	aux [오]

1) ~에 가다 ▸ aller + à + 장소 명사

- 카페에 가다 → aller au café
- 은행에 가다 → aller à la banque
- 화장실에 가다 → aller aux toilettes
- 학교에 가다 → aller à l'école

~을 위해, 위하여(pour) / ~하기 위해

전치사 pour는 '~을 위해'라는 뜻으로 뒤에 동사원형을 붙이면 '(동사원형)하기 위해'라는 의미를 갖습니다. aller, habiter, étudier 동사를 활용하여 목적을 나타내는 표현을 만들어 봅시다.

pour + 동사원형

- 프랑스에 가기 위해 → pour aller en France
- 프랑스에 살기 위해 → pour habiter en France

- 일본에 가기 위해 → pour aller au Japon
- 일본에 살기 위해 → pour habiter au Japon

- 한국어를 공부하기 위해 → pour étudier le coréen
- 영어를 공부하기 위해 → pour étudier l'anglais

~할 것이다

aller 동사 뒤에 동사원형이 붙으면 '(동사원형)할 것이다'라는 근접 미래 표현이 됩니다. 한 문장 안에서 동사를 두 개 사용하는 경우, 첫 번째 동사만 인칭에 따라 변형이 일어난다는 점을 상기하면서 aller 동사를 활용하여 근접 미래 표현을 만들어 봅시다.

aller + 동사원형

- 프랑스어를 공부할 것이다 → aller étudier le français
- 프랑스에 갈 것이다 → aller aller en France
- 미국에 살 것이다 → aller habiter aux États-Unis

복습2

aller 동사뿐만 아니라 aimer 동사도 뒤에 동사원형이 올 수 있습니다. aimer가 '좋아하다'라는 뜻의 동사이므로 뒤에 동사원형이 붙으면 '(동사원형)하는 것을 좋아하다'라는 의미가 되겠죠? 우리가 배웠던 parler, étudier 동사를 활용하여 '말하는 것을 좋아하다, 공부하는 것을 좋아하다'와 같은 문장을 만들어 볼까요?

~하는 것을 좋아하다

aimer + 동사원형

- 말하는 것을 좋아하다 → aimer parler
- 프랑스어를 말하는 것을 좋아하다 → aimer parler français
- 나는 프랑스어를 말하는 것을 좋아한다. → J'aime parler français.

- 공부하는 것을 좋아하다 → aimer étudier
- 프랑스어를 공부하는 것을 좋아하다 → aimer étudier le français
- 나는 프랑스어를 공부하는 것을 좋아한다. → J'aime étudier le français.

자기소개하기

이제 모든 내용들이 완벽하게 여러분의 것으로 소화가 되었는지 체크해 볼 시간입니다. 이름은 무엇이고 어느 곳에 거주하는지, 어떤 언어를 구사하고 국적은 무엇인지, 또 무엇을 좋아하는지 등의 내용을 바탕으로 자기소개를 해 보세요.

- 나는 Jimin이야. → Je suis Jimin.
- 나는 한국인이고 나는 학생이야. → Je suis Coréen et je suis étudiant.
- 나는 서울에 살아. → J'habite à Séoul.
- 나는 키가 크고 잘생겼어. → Je suis grand et beau.
- 나는 한국어와 프랑스어를 말해. → Je parle coréen et français.
- 나는 프랑스어를 공부하는 것을 좋아해. → J'aime étudier le français.
- 나는 프랑스어를 공부하러 프랑스에 갈 거야.
  → Je vais aller en France pour étudier le français.

- 나는 Emma야. → Je suis Emma.
- 나는 프랑스인이고 나는 변호사야. → Je suis Française et je suis avocate.
- 나는 프랑스에 살아. → J'habite en France.
- 나는 키가 작고 아름다워. → Je suis petite et belle.
- 나는 프랑스어와 영어를 말해. → Je parle français et anglais.
- 나는 영어를 말하는 것을 좋아해. → J'aime parler anglais.
- 나는 미국에 살 거야. → Je vais habiter aux États-Unis.

ÉTAPE 03 대화로 말해 보기

▶ 오늘 배운 문장들을 활용하여 대화를 나눠 봐요!

A | 나는 Léa야. → Je suis Léa.

나는 (여)중국인이고, 나는 음악가야. Je suis Chinoise et je suis musicienne.

나는 베이징에 살아. J'habite à Pékin.

나는 키가 작고 아름다워. Je suis petite et belle.

나는 강아지와 고양이를 많이 좋아해. J'aime beaucoup les chiens et les chats.

나는 중국어와 한국어를 말해. Je parle chinois et coréen.

나는 한국어를 공부하는 것을 좋아해. J'aime étudier le coréen.

나는 한국에 갈 거야. Je vais aller en Corée.

미션 확인 오늘의 핵심 문장을 완벽하게 외워 봅시다.

A: 나는 Emma야. → Je suis Emma.

나는 영어를 말하는 것을 좋아해. → J'aime parler anglais.

나는 미국에 살 거야. → Je vais habiter aux États-Unis.

ÉTAPE 

연습 문제

▶ 문제를 풀어 보면서 공부한 내용들을 완전히 내 것으로 만들어 봐요!

해석을 참고하여 프랑스어로 작문해 보세요.

1. 나는 프랑스어를 말하는 것을 좋아한다.

____

2. 그는 독일어를 공부하는 것을 좋아한다.

____

3. 너희는 영어와 중국어를 말하는 것을 좋아한다.

____

다음 중 알맞은 문장을 골라 체크해 보세요.

1. 그녀는 일본에 살 것이다.
(a. Elle habite au Japon. / b. Elle va habiter au Japon.)

2. 우리는 중국에 갈 것이다.
(a. Nous allons aller en Chine. / b. Nous allons habiter en Chine.)

3. 그는 영어를 공부할 것이다.
(a. Il va étudier l'anglais. / b. Il étudie l'allemand.)

4. 나는 미국에 살 것이다.
(a. Je vais aller aux États-Unis. / b. Je vais habiter aux États-Unis.)

자신을 소개하는 내용의 해석을 보고 프랑스어로 작문해 보세요.

1. 나는 Noémie야. (여)
2. 나는 일본인이고 나는 배우야.
3. 나는 일본에 살아.
4. 나는 키가 크고 아름다워.
5. 나는 일본어와 중국어를 말해.
6. 나는 카페에 가는 것을 좋아해.
7. 나는 영어를 공부하러 미국에 갈 거야.

8. 나는 Henri야. (남)
9. 나는 프랑스인이고 나는 사진가야.
10. 나는 파리에 살아.
11. 나는 키가 작고 잘생겼어.
12. 나는 스페인어와 프랑스어를 말해.
13. 나는 미국에 가는 것을 좋아해.
14. 나는 미국에 살 거야.

정답

1 1. J'aime parler français. 2. Il aime étudier l'allemand. 3. Vous aimez parler anglais et chinois.

2 1. b 2. a 3. a 4. b

3 1. Je suis Noémie. 2. Je suis Japonaise et je suis comédienne. 3. J'habite au Japon. 4. Je suis grande et belle. 5. Je parle japonais et chinois. 6. J'aime aller au café. 7. Je vais aller aux États-Unis pour étudier l'anglais. 8. Je suis Henri. 9. Je suis Français et je suis photographe. 10. J'habite à Paris. 11. Je suis petit et beau. 12. Je parle espagnol et français. 13. J'aime aller aux États-Unis. 14. Je vais habiter aux États-Unis.

십자말풀이

▶ les mots croisés

가로풀이

① '공부하다' 동사의 원형
③ '사진가'를 뜻하는 직업 명사
⑤ '학교'를 뜻하는 명사
⑦ '토끼들'을 뜻하는 복수 명사
⑨ '그리고'를 뜻하는 접속사

세로풀이

② '(남)기술자'를 뜻하는 직업 명사
④ '화장실'을 뜻하는 명사
⑥ '책'을 뜻하는 명사
⑧ 숫자 8
⑩ '가다' 동사의 원형

가로 정답 ① ÉTUDIER ③ PHOTOGRAPHE ⑤ ÉCOLE ⑦ LAPINS ⑨ ET
세로 정답 ② TECHNICIEN ④ TOILETTES ⑥ LIVRE ⑧ HUIT ⑩ ALLER

클라라 선생님의 꿀팁

'싫어한다'라고 하고 싶을 땐?

'좋아한다'라는 뜻의 **aimer** 동사만으로도 '나는 ~을 좋아한다, 나는 ~을 좋아하지 않는다'를 충분히 표현할 수 있지만, 좋아하지 않는 것을 넘어서 몹시 싫어하는 경우라면 어떤 동사를 사용해야 할까요?

그럴 땐 '질색하다, 싫어하다'라는 뜻의 **1**군 동사 **détester** [데떼스떼]를 사용하면 됩니다. **détester** 동사는 **1**군 규칙 동사이기 때문에 다른 **1**군 동사들과 동일한 어미 변형 규칙을 따른답니다. **détester**를 활용하여 문장을 한 번 만들어 볼까요?

- **Je déteste le sport.** [쥬 데떼스뜨 르 스뽀흐] 나는 운동을 싫어합니다.
- **Je déteste la musique.** [쥬 데떼스뜨 라 뮈지끄] 나는 음악을 싫어합니다.

France

문화 탐방 프랑스의 또 다른 모습을 보고 싶다면? 라데팡스로!

지역 탐방

파리는 전통과 역사가 살아 숨 쉬는 세계적인 도시로 손꼽히고 있습니다. 하지만 전통적인 아름다움을 간직한 파리에서 조금만 이동하면 180도 다른 현대적인 프랑스의 모습도 볼 수 있어요. 개선문을 중심으로 루브르 박물관 반대쪽으로 쭉 가다 보면 우리의 머릿속에 그려지는 파리의 이미지와는 정반대인 매우 현대적이고 상업적인 신시가지가 눈앞에 펼쳐집니다. 바로 라데팡스(La Défense [라 데펑스])인데요. 행정구역상 파리가 아닌 파리의 외곽 지역인 꾸흐브부아(Courbevoie [꾸흐브부아]), 쀠또(Puteaux [쀠또]) 그리고 낭테르(Nanterre [넝떼흐])에 위치한 라데팡스는 파리의 대표 부도심으로 자리 잡고 있습니다. 특히 이곳은 1958년부터 미테랑 대통령과 라데팡스 개발 위원회의 협동 개발로 장기간에 걸쳐 설립된 비즈니스 도시로 알려져 있기도 해요. 라데팡스에 간다면 꼭 들러야 하는 장소 두 곳을 소개해 드리겠습니다.

- Le CNIT(Centre des Nouvelles Industries et Technologies, 국립 산업 기술 센터)는 비즈니스 도시 계획의 시작을 알리는 대표 건축물입니다. 현대적인 상업 지구에 어울리게 독특한 곡선 형태의 외형을 자랑하는 이곳은 어마어마한 규모의 쇼핑센터이면서 호텔, 비즈니스 캠퍼스, 컨벤션 센터 등 다양한 역할을 수행하고 있답니다.
- 이곳을 빼놓고는 라데팡스를 이야기할 수 없죠. 바로 신 개선문(la Grande Arche [라 그헝드 악슈])인데요. 3차원의 커다란 창문 형태를 한 이 개선문은 높이가 무려 110m에 달하며 파리의 에투알 개선문, 샹젤리제 거리, 루브르 박물관과 일직선상에 위치하고 있습니다.

이 외에도 라데팡스에는 매우 웅장한 현대식 건축물과 아름다운 조형물을 구경할 수 있으니, 파리에 들르시면 꼭 방문해 보세요!

S 시원스쿨닷컴